韓国大法院強制動員判決、核心は「不法強占」だ

韓国大法院強制動員
判決、核心は
「不法強占」だ

金昌禄 著・訳
山本晴太 監修

日本語版 序文

　この本は、著者が2022年8月に韓国の知識産業社を通じて出版した『대법원 강제동원 판결, 핵심은 '불법강점'이다(大法院強制動員判決、核心は「不法強占」だ)』を日本語に翻訳したものである。

　韓国大法院の強制動員判決をめぐる問題に関する議論が急速に進んでいる状況を鑑みて、尊敬する山本晴太弁護士に頼んでさる2023年1月27日にインターネット上に公開した全文に、最小限の修正を加えて出版する。日本ではほとんど扱われていない争点に関するほとんど提起されていない主張を込めたこの本が、日本の読者にその問題を考える上で少しでも役に立つなら幸いである。

　なお、日本語翻訳においては、著者が作成した草稿の表現と内容について山本弁護士に監修していただいた。色々と忙しい中、監修の手間を惜しまないでくださった山本弁護士に心からお礼申し上げる。

　山本弁護士の監修意見を受け入れ、あるいは著者の独自の判断により韓国語原文に修正を加えた部分がある。ただし、基本趣旨はまったく同じである。修正された部分を含めこの本に対する最終責任は当然著者にある。

最後に、様々な困難な状況でも韓国語版の出版を引き受けてくださり、また日本語版の出版にも同意してくださった金京熙社長をはじめとする知識産業社の皆様、そして厳しい出版事情の中でも日本語版の出版を受け持って下さった洪鍾和社長をはじめとする民俗苑の皆様にも感謝したい。

2023. 2. 20.
慶北大学の研究室で

はじめに

　この本は、大韓民国の大法院が2018年10月30日に宣告した日本製鉄強制動員訴訟についての全員合議体(日本の最高裁判所の大法廷にあたる)判決が作り出した局面について検討を試みたものである。「1965年の国交正常化以後最悪」といわれている韓日間の緊張局面を作り出したとされる大法院判決の内容と意義、日本政府の反発と韓国政府の対応/無対応を分析し、その局面にどのように対処すべきなのかを考えてみた。

　この本は、2019年7月30日から8月30日まで『오마이뉴스(Ohmy News)』に連載した「대법원 강제동원 판결 점검(大法院強制動員判決局面の点検)①~⑦」と、同じ年の冬に『황해문화(黃海文化)』105号に掲載した「대법원 강제동원 판결의 위상(大法院強制動員判決の位相)」を再構成・修正・補完したものである。この出版を機会に文章を整え、脚注を追加した。そして、2018年大法院判決の土台ともいえる2012年大法院破棄差戻判決について分析して、2015年に『法学論攷』(慶北大)49号に掲載した「한일 『청구권협정』에 의해 『해결』된 『권리』－일제 『강제동원』 피해 관련 대법원판결을 소재로(韓日『請求権協定』により『解決』された『権利』－日帝『強制動員』

被害関連大法院判決を素材に)」からも、内容の一部を転載して補完した。ただし、すでに2012年および2018年の大法院判決について韓国と日本で刊行されている2次文献はかなり多いが、脚注における2次文献の引用は著者の論文や著書を中心に最小限のものを示すことにとどめた。2018年大法院判決についても別の論文を発表する予定であり、そこで2次文献を最大限反映するつもりである。

　この本を通じて強調したいのは、2018年大法院強制動員判決の核心的なメッセージは、「日帝の韓半島支配は不法強占であり、不法強占は『請求権協定』の適用対象ではない」というものである点である。遺憾ながら、この核心的なメッセージは日本ではもちろん韓国でもほとんど注目されていない。もしかすると、敢えて目を背けているといった方がより適切かも知れない。その理由は、まさにその核心的なメッセージこそ韓日関係の根本についての大きな「法の糸口」だからである。だからこそ、その核心的なメッセージにより徹底的に取り組むことが必要であると著者は考える。この本を世に出す理由はまさにそこにある。

この「はじめに」を書いている2022年5月中旬現在、尹錫悦政府が発足して各種の政策を示そうとしている。特に、尹錫悦大統領は韓日関係を特別に重視して、大統領候補のときから「正常化」に強い意欲を見せてきており、当選人のときには政策協議団を日本に派遣している。ところが、「グランド・バーゲン」、「パッケージ・ディール」、「包括的な解決」などの大げさな掛け声は喧しいが、全体的に見て、「意欲」は先走っているものの「方案」は用意できないまま慌てているのではないか、長い間積み重なってきた重い課題にあまりにも軽くアプローチしているのではないか、という気がする。この本が現在の状況とこれからの展望について考察するための一つの手がかりになりうるなら幸いである。

2022.5.15.
八公山の裾で

目次 ▮▮▮▮

日本語版 序文　4
はじめに　　　6

第1章 「大法院強制動員判決」とは何か？ _ 13

大法院強制動員判決のもたらした局面	13
日本訴訟	15
アメリカ訴訟および韓国訴訟	17
大法院強制動員判決の内容	19
大法院強制動員判決の意味	20
大法院強制動員判決の位置づけ	22
大法院強制動員判決の「法廷意見」	24
もう一度確認する	25

第2章 「不法強占」は「請求権協定」の対象ではなかった _ 27

「請求権協定」の内容	27
条約解釈の基準	29
「文言の通常の意味」は明確でない	30
「請求権協定」の適用対象	32
「領土の分離」問題の処理	35
「基本条約」と「請求権協定」	36
もう一度確認する	38

第3章 「徴用」ではなく「強制動員」である _ 39

「不法な植民支配」	40
日帝の法令の効力	42
「徴用」と「強制動員」は異なる	44
「徴用」は解決したのか?	45
核心は「徴用」ではなく「強制動員」である	47
もう一度確認する	48
[補論] 韓日会談当時の韓国側の発言を見れば解決した?	49

第4章 「1965年体制」は寿命が尽きている _ 55

国際法違反?	55
「請求権協定」違反?	56
解釈上の紛争は存在するのか?	58
韓国政府が答えを持って来い?	60
仲裁?	61
国際司法裁判所?	64
「1965年体制」の命運を早める日本	64

第5章 韓国政府が乗り出さなければならない? _ 67

「強制動員」問題に対し韓国の政府と企業は責任がない	67
2+2?	68
2+1?	70
1+1?	71
1+1/a?	72
代位弁済、求償権?	73
提案は実現可能なものでなければならない	75
安倍の信念	76
韓国政府が行うべきこと	78

第6章 大法院判決が韓国政府の決定を覆した? _ 81

「決定」とは何か?	82
「決定」ー「請求権協定」の法的効力の範囲	84
三つだけ残っている?	85
サハリン同胞、原爆被害者問題をなぜ特別に規定したのか	86
「決定」ー「強制動員」!	87
大法院判決の判断	88
なぜ「強制動員」なのか?	90
「決定」の「強制動員」と大法院判決の「強制動員」とは異なる	91
信義則上困難?	94
また一歩前進するべきである	95

第7章 それで何をすべきなのか? _ 97

　ボールは日本のコートにある …………………………………… 97
　大法院判決は執行されなければならない ……………………… 99
　強制動員被害者への「支援」は別の課題である ……………… 102
　過去清算一般は長期的な課題として取り組まなければならない ……… 104
　日本市民に新しい連帯を訴える ………………………………… 106
　方向としての植民地支配責任の追及 …………………………… 108

資料 _ 111

　[資料1]「財産及び請求権に関する問題の解決並びに経済協力に関する日本
　　　　国と大韓民国との間の協定」
　　　　(1965.6.22.署名、1965.12.18.発効) …………………… 111
　[資料2] 大法院 2018.10.30. 宣告 2013다61381 全員合議体判決 … 116
　[資料3]「大韓民国大法院による日本企業に対する判決確定について
　　　　[外務大臣談話])」(2018.10.30.) …………………………… 171

第1章
「大法院強制動員判決」とは何か？

大法院強制動員判決のもたらした局面

　2018年10月30日、大韓民国の大法院全員合議体は韓国人強制動員被害者たちが日本製鉄株式会社[1]を被告として韓国の裁判所に提起した慰謝料請求訴訟において、後者の再上告を棄却して前者の請求を全面的に受け入れる確定判決[2]を宣告した。そして、それ

---

[1]　日本製鉄株式会社は1934年に発足した企業である。同社は、1950年に連合国によって財閥解体を目的とする「過渡経済力集中排除法」の適用を受けて四つの会社に分割される形で解散したが、1970年にそのうち二つの会社が合併して新日本製鉄株式会社として発足した。同社は2012年10月1日に住友金属工業株式会社と合併して新日鐵住金株式会社として発足した。そして新日鐵住金株式会社は2019年4月1日に商号を敗戦前と同じ日本製鉄株式会社に変更した。
　原告らを強制動員した主体は1934年に発足した日本製鉄であるが、2005年に韓国訴訟が提起された時点では日本製鉄を承継した新日本製鉄が被告になっており、2012年の大法院破棄差戻判決以後は新日鐵住金が新日本製鉄を承継して訴訟を遂行した。ところが、原告らを強制動員したのは日本製鉄であり、この本を書いている現在もそれを承継した企業の名前が日本製鉄であるという点を考慮して、この本では「日本製鉄」という用語を使うことにする。

以後韓日関係は深刻な緊張局面に陥った。よく「1965年の国交正常化以後における最悪の状態」といわれている。これは、それほど誇張された表現ではない。

　原因は複合的である。争点は多くて複雑である。政治と経済、外交と歴史が絡み合っている。遠くは、19世紀末以降、帝国主義国家日本(以下「日帝」)が韓半島に対する侵略を本格化した時期まで遡っていく。1965年に韓日両国が「国交正常化」のために締結した「日本国と大韓民国との間の基本関係に関する条約」[3](以下「「基本条約」」)や「財産及び請求権に関する問題の解決並びに経済協力に関する日本国と大韓民国との間の協定」[4](以下「「請求権協定[5]」」)などの「条約の曖昧性」が直接的な原因である。それに冷戦終息後である1990年代の前半に展開された韓国人被害者たちの救済要求と日本政府による一定程度の積極的な対応という流れが重なり、またそのうえに1990年代後半以降日本社会で勢いを増してきた歴史否定主義という別の流れが重なった。韓国の保守政権と進歩政権の対応の差、そのすべての政権に通じる韓国政府の曖昧性も変数である。

　一つ一つ丁寧に整理し問い詰める点検作業が必要であるが、作業の規模があまりにも大きく、一冊の小冊子でカバーすることは難しい。そもそも一人の研究者がそのすべてをカバーするには困

---

2) 大法院 2018.10.30. 宣告 2013다61381 全員合議体判決。全文は巻末の[資料2]を参照。
3) 1965.6.22. 署名、1965.12.18. 発効。
4) 1965.6.22. 署名、1965.12.18. 発効。全文は巻末の[資料1]を参照。
5) 本文ではすべてかぎかっこ(「」)をつけるが、引用文の場合は原文に従う。かぎかっこをつけた他の条約名などの場合も同じである。

難な課題でもある。ここでは「法」的な側面に焦点を合わせて重要な諸場面を一つ一つ探ってみることにする。

日本訴訟

　韓国人日帝強占被害者たちが日本に対する責任追及に積極的に乗り出したのは冷戦が終わった後の1990年代に入ってのことであった。第2次世界大戦以後急速に定着した冷戦体制は日帝の植民地支配と侵略戦争の責任を封印するものでもあった。1980年代末から1990年代初にかけて冷戦体制とその下位体制である各国における権威主義体制が崩れることによって、それまで抑えつけられていた被害者たちの声がついに雪崩を打って押し寄せ、日本に対する責任追及が本格化した。

　その先頭に立ったのが他ならない韓半島出身の日本軍「慰安婦」・強制動員・サハリン韓人・原爆などの被害者であった。1991年8月14日、日本軍「慰安婦」被害者である金學順の記者会見によって象徴される彼らの声は、日本の裁判所に日本政府と企業に対する訴訟を提起することによって具体化された。

　日本政府と企業の植民地支配と侵略戦争の責任を問う「対日過去清算訴訟」[6]の嚆矢は1972年に提起された「孫振斗訴訟」である。

---

6)　日本では普通「戦後補償訴訟」と呼ばれる。しかし、韓国人被害者たちが問うのは戦争に対する責任だけでなく植民地支配というより大きな対象に対する責任であり、合法行為にともなう損失の補償を求めることではなく不法行為にともなう損害の賠償を求

ところが、訴訟が本格化したのは1990年代に入ってのことである。まず、1990年代の前半に韓国人被害者たちが多数の訴訟を提起し、それに刺激を受けてフィリピン・香港・オランダ・イギリス・アメリカ・オーストラリア・ニュージーランド・中国の被害者たちの訴訟が続いた。以後現在まで世界の被害者たちが日本で提起した対日過去清算訴訟は計100余件であり、そのなかで韓半島出身者(在日韓国人、中国籍朝鮮族を含む)が提起した訴訟が50余件として半数を越える[7]。

日本訴訟は大きく差別是正型訴訟と被害救済型訴訟に分けることができる。前者は、日本人として戦争に動員され被害を受けたのにもかかわらず、もはや日本人ではないという理由で日本人には与えられる救済から排除することは差別である、と主張して争う訴訟として、援護関連訴訟と被爆関連訴訟がこれに含まれる。後者は、強制動員被害者、日本軍「慰安婦」被害者などが日帝による支配と戦争動員にともなう被害に対する直接的な救済を求める訴訟である。

差別是正型訴訟のうち、日本の国内法上日本国籍者のみを支援対象とするという、いわゆる「国籍条項」がなく、日本人と差別できないようになっている原爆被害に対する訴訟では原告が勝訴したケースもある。しかし、「国籍条項」のある援護関連法に関す

めることであるので、その用語は適切なものではない。この本では、「日本に対して過去清算を求める訴訟」という意味で「対日過去清算訴訟」という用語を使うことにする。

[7] 判決文を含めた訴訟に関する資料は、山本晴太弁護士の「法律事務所の資料棚」(http://justice.skr.jp/index.html)参照。以下この本で引用するインターネット・サイトは、2022年12月15日に検索した結果による。

る援護関連訴訟では原告が勝訴したケースがない。何よりも、不法強占にともなう被害の救済を直接求めた被害救済型訴訟では、下級審で一部勝訴するか和解が成立したケースはあるが、最高裁判所まで行って最終的に勝訴したケースはない。そして、日本の裁判所が原告敗訴判決を宣告した理由は様々であるが、結局は「請求権協定」によって解決済みであるということが最後の理由であった[8]。

アメリカ訴訟および韓国訴訟

日本の裁判所で救済を受けることのできなかった被害者たちがそれに代わるものとして注目したのがアメリカと韓国での訴訟である。

アメリカ訴訟の代表的な例は、2000年9月18日に韓国・中国・台湾・フィリピン出身の日本軍「慰安婦」被害者たちが日本国に対して提起した訴訟である。結果は原告敗訴であった。原告と被告ともにアメリカと直接関連がない事件であり、しかも「請求権協定」という韓日間の条約が主な争点になった事件で、アメリカの裁判所は「政治的問題」には裁判所が関与しないという原則を盾に原告敗訴の判決を宣告した。

---

[8] 対日過去清算訴訟については、김창록(金昌禄)、「일본에서의 대일과거청산소송 - 한국인들에 의한 소송을 중심으로(日本における対日過去清算訴訟 - 韓国人による訴訟を中心に)」、『법사학연구(法史学研究)』35、2007参照。

結局、韓国人被害者たちに最後に残ったのは韓国の裁判所であった。2000年5月1日、三菱重工業株式会社強制動員被害者6名が釜山地方法院に提訴(以下「三菱重工業訴訟」)したのを始めに、2005年2月28日には日本製鉄株式会社強制動員被害者5名がソウル中央地方法院に提訴し(以下「日本製鉄訴訟」)、以後現在まで多数の関連訴訟が提起されている。

　韓国訴訟においても下級審ではすべて原告敗訴の判決が続いたが、2012年5月24日に至って大法院第1部(李仁馥[裁判長]、金能煥[主審]、安大熙、朴炳大大法官)が日本製鉄訴訟と三菱重工業訴訟の両方について原告勝訴の趣旨の画期的な破棄差戻判決[9]を宣告した。

　2013年7月10日と7月30日に、ソウル高等法院と釜山高等法院がそれぞれ上記の大法院破棄差戻判決の趣旨に沿って原告勝訴の判決[10]を宣告したが、日本製鉄と三菱重工業は再び上告した。通常の例に従えば、その年の末までには確定判決が宣告されると予想されていたが、朴槿恵政権のいわゆる「司法壟断」・「裁判取引」という稀代の事件のため宣告が遅れ、5年以上も過ぎた2018年10月30日に至ってついに日本製鉄訴訟について大法院全員合議体の確定判決が宣告され、続いて11月29日に三菱重工業訴訟について大法院確定判決[11]が宣告された。

---

9) 大法院 2012. 5. 24. 宣告 2009다68620 判決; 大法院 2012. 5. 24. 宣告 2009다22549 判決。
10) ソウル高等法院 2013. 7. 10. 宣告 2012나44947 判決; 釜山高等法院 2013. 7. 30. 宣告 2012나4497 判決。
11) 大法院 2018. 11. 29. 宣告 2013다67587 判決。

大法院強制動員判決の内容

 特に議論の中心になっているのは、日本製鉄訴訟について2018年10月30日に宣告された大法院全員合議体判決である。判決の争点(上告理由)は五つであったが、そのなかで全員合議体構成員の意見が分れたのは、「原告たちの強制動員慰謝料請求権が『請求権協定』の適用対象か」という点であった。

 この点について、大法院長と大法官12名で構成された全員合議体は五つの意見(多数意見[金命洙大法院長、曺喜大、朴商玉、朴貞桙、閔裕淑大法官]、個別意見1[李起宅大法官]、個別意見2[金昭英、李東遠、盧貞姫大法官]、反対意見[権純一、趙載淵大法官]、補充意見[金哉衡、金善洙大法官])に分れた。ただし、そのなかで、個別意見1は訴訟法上の争点のみを扱ったものであり、補充意見は多数意見を補完したものなので、実質的な意見対立は多数意見、個別意見2、反対意見の間に展開された。それぞれの要旨は次の通りである。

> ○ 多数意見:「請求権協定は日本の不法な植民支配に対する賠償を請求するための協商ではなく、基本的にサンフランシスコ条約第4条に基づき、韓日両国間の財政的・民事的な債権・債務関係を政治的合意によって解決するためのもの」なので、「日本政府の韓半島に対する不法な植民支配および侵略戦争の遂行と直結した日本企業の反人道的な不法行為を前提とする強制動員被害者の日本企業に対する慰謝料請求権」は「請求権協定の適用対象に含まれると見ることは

できない」。

○ 個別意見2：「請求権協定の解釈上、原告らの損害賠償請求権は請求権協定の適用対象に含まれるとみるべきである。ただし、原告ら個人の請求権そのものは請求権協定により当然に消滅するとみることはできず、請求権協定によりその請求権に関する大韓民国の外交的保護権[12)]のみが放棄されたに過ぎない」。

○ 反対意見：「請求権協定の解釈上原告らの損害賠償請求権が請求権協定の対象に含まれる … 請求権協定第2条に規定している『完全かつ最終的な解決』や『いかなる主張もできないこととする』という文言の意味は、個人請求権の完全な消滅までではなくとも『大韓民国国民が日本や日本国民に対して訴訟によって権利を行使することは制限される』という意味に解釈するのが妥当である」。

大法院強制動員判決の意味

多数意見によれば、強制動員問題はそもそも「請求権協定」の適用対象ではない。これはすなわち、強制動員問題は「請求権協定」

---

12) 外交的保護権とは、外国で自国民が違法・不当な取扱いを受けたのにもかかわらず、現地機関を通じた適切な権利救済が行われなかった場合に、最終的にその国籍国が、外交手続や国際的な司法手続を通じて、外国政府を相手に自国民に対する適当な保護または救済を要求できる権利を意味する。

によって解決したものではなく、したがって「請求権協定」によって韓国政府が受領した無償3億ドルに当たる「日本国の生産物及び日本人の役務」(以下「無償3億ドル」)[13]と関連がないということを意味する。そうであれば、今も韓国人被害者個人は裁判所に被害の救済を請求でき、韓国政府は日本政府に対してその被害の救済を求めることができるということになる。

個別意見2によれば、強制動員問題も「請求権協定」の適用対象である。これはすなわち、強制動員問題は「請求権協定」によって解決し、したがって無償3億ドルと関連があるということを意味する。ただし、個別意見2は、「請求権協定」によって消滅したのは韓国の外交的保護権のみであり、被害者個人の請求権は消滅しなかったという。そうであれば、韓国政府はこれ以上被害の救済を求めることはできないが、被害者個人は裁判所に被害の救済を請求できるということになる。

反対意見によれば、強制動員問題は「請求権協定」の適用対象であり、しかも被害者個人の請求権も「請求権協定」によって訴訟を提起できない権利に縮小した。そうであれば、韓国政府がこれ以上被害の救済を求めることができないのみならず、被害者個人も裁判所に被害の救済を請求できない、ということになる。ただし、反対意見は実体的権利としての請求権は消滅しなかったという。そうであれば、訴訟を通じては救済を受けることができないが、

---

[13] 「請求権協定」にしたがって日本が韓国に無償で供与したのは、3億ドルの現金ではなく、それに当たる「日本国の生産物及び日本人の役務」である。ただし、以下の本文では叙述の便宜を考慮して、単に「無償3億ドル」と表記することにする。

裁判所を通じない方法、つまり債務者である日本企業が任意の弁済を通じた救済をしてもその弁済が法的な根拠のないものではない、という意味になる。

		多数意見	個別意見2	反対意見
「請求権協定」の適用対象か?		適用対象外	適用対象	適用対象
権利の解決は?	外交的保護権	未解決	解決	解決
	個人請求権	未解決	未解決	訴権消滅

大法院強制動員判決の位置づけ

2018年大法院強制動員判決は「請求権協定」の適用対象について今まで示された意見を網羅している。多数意見は2012年破棄差戻判決の主位的判断の論旨を、個別意見2はその仮定的判断の論旨を、反対意見は日本最高裁判所の2007年4月27日の中国人「慰安婦」二次訴訟判決[14]の結論をそれぞれ採用したものであるといえる。

---

14) 最高裁判所一小法廷平成19・4・27判決(平成17年(受)第1735号)。この中国人「慰安婦」二次訴訟判決が宣告された2007年4月27日に、最高裁によって西松建設中国人強制連行・強制労働損害賠償請求訴訟判決(最高裁判所二小法廷平成19・4・27判決[平成16年(受)第1658号])も宣告された。二つの判決の論理構成や結論は同じである。つまり、「サンフランシスコ平和条約の枠組みにかんがみると、請求権放棄の趣旨は訴権消滅と解するのが相当である」と宣告しているのである。ただし、被告が日本国である前者にはない部分が、被告が日本企業である後者の「まとめ」にあるという点で両者は異なる。後者にのみあるものは自発的な対応を求める部分、つまり「サンフランシスコ平和条約の枠組みにおいても、個別具体的な請求権について債務者側において任意の自発的な対応をすることは妨げられないところ、本件被害者らの被った精神的・肉体的苦痛

その中で、第2章で詳細に検討するように、「条約法に関するウィーン条約」(Vienna Convention on the Law of Treaties、1969)の条約解釈の基準にしたがって合理的な根拠を提示しながら「請求権協定」を解釈・適用したものとして多数意見が妥当である。

　それに反して、個別意見2と反対意見は多数意見が明確に区別した徴用と強制動員を混同・混用しつつ、合理的な根拠を提示できないまま、「強制動員も『請求権協定』の適用対象である」と判断したが、これは協定締結の当事者である韓日両国の政府の立場にも反する解釈であって、妥当でない。

　しかも、反対意見の訴権消滅という主張はなんの根拠もないという点でも妥当でない。中国人「慰安婦」二次訴訟判決などにおいて同じく訴権消滅を主張した日本の最高裁判所は、恣意的な構成物であって説得力がないとはいえ、一応「サンフランシスコ平和条約の枠組み」という根拠を提示した[15]。ところが、反対意見はな

　が極めて大きかった一方、上告人は前述したような勤務条件で中国人労働者らを強制労働に従事させて相応の利益を受け、更に前記の補償金を取得しているなどの諸般の事情にかんがみると、上告人を含む関係者において、本件被害者らの被害の救済に向けた努力をすることが期待されるところである」という部分である。日本製鉄訴訟は、原告が強制動員被害者で被告が日本企業であるという点では西松建設訴訟に似ているが、大法院判決の反対意見には日本企業の自発的な対応を求める部分がない。その意味で、大法院判決の反対意見は、西松建設中国人強制連行・強制労働損害賠償請求訴訟判決よりは中国人「慰安婦」二次訴訟判決の結論を採用したものであるといえよう。

[15] つまり、次のとおりである。「サンフランシスコ平和条約は、個人の請求権を含め、戦争の遂行中に生じたすべての請求権を相互に放棄することを前提として、日本国は連合国に対する戦争賠償の義務を認めて連合国の管轄下にある在外資産の処分を連合国にゆだね、役務賠償を含めて具体的な戦争賠償の取決めは各連合国との間で個別に行うという日本国の戦後処理の枠組みを定めるものであった。… この枠組みが定められたのは、平和条約を締結しておきながら戦争の遂行中に生じた種々の請求権に関する問題を、事後的個別的な民事裁判上の権利行使をもって解決するという処理にゆだね

んの根拠も示さないまま「訴権消滅とみるべきである」、という一方的な主張のみを述べている。

大法院強制動員判決の「法廷意見」

　重要なことは、この中で法的に拘束力のあるものは多数意見だという点である。裁判所の合議審判は、「憲法および法律に別段の規定がなければ過半数で決定する」(「法院組織法」第66条1項)。2018年大法院判決では全員合議体の構成員13名中、補充意見を述べた2名を含め過半数の計7名が多数意見に賛成した。したがって、多数意見が2018年大法院判決の中で唯一法的拘束力を持つ「法廷意見」である。

　大法院判決には「合議に関与したすべての大法官の意見を表示」することになっているので(「法院組織法」第15条)個別意見や反対意見も記載されてはいるが、法的拘束力をもつものは多数意見の

たならば、将来、どちらの国家又は国民に対しても、平和条約締結時には予測困難な過大な負担を負わせ、混乱を生じさせることとなるおそれがあり、平和条約の目的達成の妨げとなるとの考えによるものと解される。…サンフランシスコ平和条約の枠組みにおける請求権放棄の趣旨が、上記のように請求権の問題を事後的個別的な民事裁判上の権利行使による解決にゆだねるのを避けるという点にあることにかんがみると、ここでいう請求権の「放棄」とは、請求権を実体的に消滅させることまでを意味するものではなく、当該請求権に基づいて裁判上訴求する権能を失わせるにとどまるものと解するのが相当である」。
ところが、この引用文をみても、日本の最高裁のサンフランシスコ平和条約についての解釈、特にその訴権消滅という判断もまた、結局は一方的な主張に過ぎず、合理的な論拠によって裏付けられたものであるとはいえない。

みなのである。

　2018年大法院判決の多数意見＝法廷意見は、以後一連の強制動員事件についての大法院判決[16]で繰り返し採択され、確立した判例になった。したがって、2018年大法院強制動員判決について議論したり論理を展開するときは、その多数意見＝法廷意見を前提としなければならない。

　それにもかかわらず、韓国の多数の論者は多数意見ではなく個別意見2を前提として、つまり2018年大法院判決の趣旨が「『請求権協定』にもかかわらず、個人請求権は残っている」というものであると前提して論旨を展開する。

　しかしながら、それは2018年大法院判決に対する充分な理解にもとづいた論旨の展開ではない。2018年大法院判決の趣旨は、「強制動員」問題はそもそも「請求権協定」の対象ではなかったということ、したがって被害者個人の請求権だけでなく、その国籍国である大韓民国の外交的保護権も厳存しているということである点を再確認しなければならない。

もう一度確認する

　2018年大法院強制動員判決の趣旨は次のとおりである。

---

[16] 大法院 2018. 11. 29. 宣告 2013다67587 三菱重工業強制動員判決; 大法院 2018. 11. 29. 宣告 2013다67587 三菱重工業勤労挺身隊判決。

強制動員問題は「請求権協定」の適用対象ではない。つまり、強制動員問題は「請求権協定」によって解決したことがなく、「請求権協定」によって韓国政府が受領した無償3億ドルとは関連がない。強制動員問題については被害者個人の請求権が残っているだけでなく、韓国の外交的保護権も残っている。したがって、今も韓国人被害者個人は裁判所に被害の救済を請求することができ、韓国政府は日本政府に対してその被害の救済を要求することができる。

第2章
「不法強占」は「請求権協定」の対象ではなかった

2018年大法院強制動員判決の結論は「強制動員問題は『請求権協定』の適用対象ではなかった」ということである。その根拠は何なのか？

「請求権協定」の内容

1951年10月から14年に近い会談の過程を経て1965年6月22日に締結された「請求権協定」は、その第1条に日本国が大韓民国に無償で3億ドルに当たる「日本国の生産物及び日本人の役務」を供与し、長期低利の貸付けとして2億ドルを供与すると規定した後、つづいて第2条で次のように規定した。

　　第二条1.　両締約国は、両締約国及びその国民(法人を含む。)の財産、

権利及び利益並びに両締約国及びその国民の間の請求権に関する問題が、千九百五十一年九月八日にサン・フランシスコ市で署名された日本国との平和条約第四条(a)に規定されたものを含めて、完全かつ最終的に解決されたこととなることを確認する。…

3. … 一方の締約国及びその国民の財産、権利及び利益であつてこの協定の署名の日に他方の締約国の管轄の下にあるものに対する措置並びに一方の締約国及びその国民の他方の締約国及びその国民に対するすべての請求権であつて同日以前に生じた事由に基づくものに関しては、いかなる主張もすることができないものとする。

上記の条文について「財産及び請求権に関する問題の解決並びに経済協力に関する日本国と大韓民国との間の協定についての合意議事録(I)」(以下「「合意議事録」」)では次のように規定した。

2 協定第二条に関し、…(g)同条1にいう完全かつ最終的に解決されたこととなる両国及びその国民の財産、権利及び利益並びに両国及びその国民の間の請求権に関する問題には、日韓会談において韓国側から提出された「韓国の対日請求要綱」(いわゆる八項目)の範囲に属するすべての請求が含まれており、したがつて、同対日請求要綱に関しては、いかなる主張もなしえないこととなることが確認された。

上記の「合意議事録」2(g)に登場する「韓国の対日請求要綱」(以下「「対日請求要綱」」)のうち、関連内容である第5項は次のとおり

である。

⑤ 韓国法人または韓国自然人の日本国または日本国民に対する日本国債、公債、日本銀行券、被徴用韓国人の未収金、補償金及びその他の請求権の返済請求
(a) 日本有価証券
(b) 日本系通貨
(c) 被徴用韓国人未収金
(d) 戦争による被徴用者の被害に対する補償
(e) 韓国人の対日本政府請求恩給関係
(f) 韓国人の対日本人または法人請求

条約解釈の基準

問題はこのような条約文をどう解釈するかである。2018年大法院判決は条約解釈に関する国際法である「条約法に関するウィーン条約」をその解釈の基準として提示した。大法院判決の該当部分は次のとおりである。

「条約は、前文・附属書を含む条約文の文脈及び条約の対象と目的に照らして、その条約の文言に与えられる通常の意味に従い誠実に解釈するべき」であり、このとき「文脈は、条約文(前文及び附属書を含む)のほかに、条約の締結に関連して当事国の間でされたその条約

に関する合意などを含め、条約の文言の意味が模倣か曖昧な場合などには条約の交渉記録及び締結時の事情などを補充的に考慮してその意味を明らかにするべきである。」

　上記の内容は、「条約法に関するウィーン条約」第31条(解釈に関する一般的な規則)[1]および第32条(解釈の補充的な手段)[2]を要約したものである。大法院判決はこの基準に則って「請求権協定」を解釈した。その点で、大法院判決は条約の解釈に関する国際法に則った解釈なのである。

「文言の通常の意味」は明確でない

　ところで、「請求権協定」の場合、「文言の通常の意味」は明確でない。請求権に関する問題が「完全かつ最終的に解決されたこととなる」、請求権に関しては「いかなる主張もすることができな

---

1) 「1.条約は、文脈によりかつその趣旨及び目的に照らして与えられる用語の通常の意味に従い、誠実に解釈するものとする。2.条約の解釈上、文脈というときは、条約文(前文及び附属書を含む。)のほかに、次のものを含める。(a)条約の締結に関連してすべての当事国の間でされた条約の関係合意 … 3.文脈とともに、次のものを考慮する。… (b)条約の適用につき後に生じた慣行であつて、条約の解釈についての当事国の合意を確立するもの …」。
2) 「前条の規定の適用により得られた意味を確認するため又は次の場合における意味を決定するため、解釈の補足的な手段、特に条約の準備作業及び条約の締結の際の事情に依拠することができる。(a)前条の規定による解釈によつては意味があいまい又は不明確である場合; (b)前条の規定による解釈により明らかに常識に反した又は不合理な結果がもたらされる場合」。

いものとする」、いう極めて強い表現が用いられているので、一見するとこの上なく明確に見える。しかしながら、よく検討すると解決したという請求権は何かが明確でない。

　まず、解決したという請求権の時間的な範囲が限定されていない。協定の署名の日、つまり1965年6月22日「以前に生じた事由に基づく」請求権と言っているので「終点」は明示されているが、「始点」がない。それでは、いつまで遡るのか。「通常の意味」では「永遠にまで遡る時間帯のすべての請求権」ということになろうが、それではと特定されているとは言えない。

　また解決したという請求権の原因が提示されていない。これは、第2次世界大戦後日本が「過去清算」に関連して他の国家と締結した諸条約に解決した権利の原因が明示されていることと鮮明に対比される。たとえば、1951年に締結された「サンフランシスコ条約」(正式名称は「日本国との平和条約[Treaty of Peace with Japan]」)の前文には、「両者の間の戦争状態の存在の結果として今なお未決である問題を解決する平和条約を締結する」と規定されており、1972年に締結された「日中共同声明」(正式名称は「日本国政府と中華人民共和国政府の共同声明」)第5条にも、「中華人民共和国政府は、日中両国民の友好のために、日本国に対する戦争賠償の請求を放棄することを宣言する」と規定されている。解決した問題の原因が明確に提示されているので、当然解決した問題の範囲が特定される。ところが「請求権協定」にはそのような規定がない。

　このように「請求権協定」によって解決したという請求権は文

言そのものによっては特定できない。したがって追加的な解釈が必要なのである。

「請求権協定」の適用対象

大法院判決は「請求権協定」の適用対象について、「請求権協定は日本の不法な植民支配に対する賠償を請求するための協商ではなく、基本的にサンフランシスコ条約第4条に基づき、韓日両国間の財政的・民事的な債権・債務関係を政治的合意によって解決するためのものであった」と解釈する。

これは、1965年以来の韓国政府の基本的な解釈である。韓国政府は「請求権協定」締結直後に、「我々が日本国に要求する請求権を国際法に当てはめると、領土の分離分割にともなう財政上および民事上の請求権解決の問題なのである」[3]と主張した。韓国政府は1976年にも、「対日賠償金の請求問題は韓日会談の初期から議論の対象から除外され、ひとえに韓日間には平和条約に明示されたところにより領土分離にともなう財政的、民事的な債権・債務のみが残っていたのである」[4]と主張し、また後に詳しく検討する2005年の大統領所属「韓日会談文書公開後続対策関連民官共同委員会」の決定でも、「韓日請求権協定は基本的に日本の植民支配に

---

3) 대한민국 정부(大韓民国政府)、『한일회담 백서(韓日会談白書)』、1965、40-41頁。
4) 경제기획원(経済企画院)、『청구권자금 백서(請求権資金白書)』、1976、10頁。

対する賠償を請求するためのものではなく、サンフランシスコ条約第4条に基づいて韓日両国間の財政的・民事的な債権・債務関係を解決するためのものであった」5)と重ね重ね確認した。

ところで、上記の解釈に登場する「サンフランシスコ条約」は第2次世界大戦の戦後処理のため連合国と日本が締結した条約である。「サンフランシスコ条約」はその第2条(a)で、「日本国は、韓半島(Korea)の独立を承認して、済州島、巨文島及び欝陵島を含む韓半島に対するすべての権利、権原及び請求権を放棄する」と規定し、その第4条(a)では「日本国及びその国民の財産で第二条に掲げる地域にあるもの並びに日本国及びその国民の請求権(債権を含む。)で現にこれらの地域の施政を行つている当局及びそこの住民(法人を含む。)に対するものの処理並びに日本国におけるこれらの当局及び住民の財産並びに日本国及びその国民に対するこれらの当局及び住民の請求権(債権を含む。)の処理は、日本国とこれらの当局との間の特別取極の主題とする」と規定した。

もちろん韓国は「サンフランシスコ条約」の署名国ではないので、原則的にはその条約に拘束されない。ただし、その条約第21条に「韓半島は、この条約の第二条、第四条、第九条及び第十二条の利益を受ける権利を有する」と規定されており、韓日両国ともに事実上その条約に基づいて「請求権協定」を締結しており、また「請求権協定」第2条そのものに「日本国との平和条約第4条(a)」が

---

5) 국무조정실(国務調整室)、「[보도자료(報道資料)]한일회담 문서공개 후속대책 관련 민관공동위원회 개최(韓日会談文書公開後続対策関連民官共同委員会開催)」、2005.8.26.

明記されているので、「請求権協定」はそのような意味で「基本的にサンフランシスコ条約第4条に基づき」締結されたものであるといえる。

ところで、アメリカ・イギリス・フランスなど主な当事国が過去の植民地宗主国であったという事情もあって、「サンフランシスコ条約」では植民地支配問題は全然取り上げなかった。したがって基本的にその条約に基づいて締結された「請求権協定」もまた植民地支配問題は対象としていなかったとみるのが合理的である。大法院判決の上記の解釈はまさにその点を突いたものにほかならない。

ただしこの点については「請求権協定」第2条1項には「含め」となっているのでそのように限定すべきではない、という指摘がある。しかし、「含め」という表現があるとしても、「性質上」第4条の範囲を外れた問題である不法な植民地支配の問題が当然に「請求権協定」の対象に含まれていたとはいえない。

しかも、日本政府も同じ趣旨の立場を取っていた。1965年10月30日の衆議院「日本国と大韓民国との間の条約及び協定等に関する特別委員会」で、藤崎萬里外務省条約局長は、「請求権協定」第2条1の権利と「サンフランシスコ条約」第4条(a)の権利の間の関係についての質問に対して、「時間的なズレ」の結果「サンフランシスコ条約」第4条(a)の「地域」、すなわち米軍政庁が支配した北緯38度線以南の韓半島地域と韓国戦争の休戦協定の締結後韓国が支配するようになった地域との間に差異が発生し、また「請求権協定」には「サンフランシスコ条約」締結後に発生した日本漁船の拿

捕問題も含まれていたので、両者は「範囲が異なっておる」と答弁した[6]。すなわち、1951年に締結された「サンフランシスコ条約」と1965年に締結された「請求権協定」との間の期間に、北緯38度線が休戦ラインに代わったために韓国が実効支配する地域と住民に変更があり、日本漁船の拿捕問題が新たに発生したが、それらの部分まで反映して解決したことを示すために「含め」と記したということである。このような日本政府の解釈はその合理性を充分認めうるものである。

したがって、「含め」という字句があるからと言って、「請求権協定」の対象を「性質上」第4条の範囲に属する権利に限定できない理由、いいかえれば「植民支配と直結した不法行為による損害賠償請求権」は含まれないと解釈できない理由はないのである。

「領土の分離」問題の処理

さらに、何よりも1965年当時から韓日両国がこの問題について共通の立場を表明してきたという点が重要である。上に引用したように、1965年に大韓民国政府が発刊した『韓日会談白書』では、「請求権協定」が「領土の分離分割にともなう財政上および民事上の請求権」を解決するためのものであったとされている。日

---

6) 『第50回國會衆議院日本國と大韓民國との間の條約及び協定等に関する特別委員會議錄第7号』、1965.10.30、15頁。

本側も、「請求権協定」は「わが国による朝鮮の分離独立の承認により、日韓両国間において処理を要することとなった両国および両国民の財産、権利および利益ならびに請求権に関する問題」[7]を解決するためのものであるとした。そして韓日両国のこのような立場は以後変わったことがない。

結局、韓日両国の共通の立場によれば「請求権協定」は「領土の分離」にともなう問題を解決するためのものであった。ところで、ここで「領土の分離」というとき、分離以前の領土の不法性は前提されず、むしろ合法性が前提される。「領土の分離」にともなう問題は、たとえば植民地朝鮮に進出していたが敗戦後急に日本へ戻って行った日本の銀行に植民地朝鮮人が預けていた預金や貯金をどうするのかというような問題なのである。

「基本条約」と「請求権協定」

この地点で、「基本条約」第2条と「請求権協定」を分離して考えることが必要である。「基本条約」第2条は次のように規定している。

> 第二条【旧条約の無効】千九百十年八月二十二日以前に大日本帝国と大韓帝国との間で締結されたすべての条約及び協定は、もはや無効であることが確認される。

---

[7] 谷田正躬外2編、『日韓條約と國內法の解説』(「時の法令」別冊)、大蔵省印刷局、1966、61-62頁。

広く知られているように、この条文に対する韓日両国政府の解釈はその締結の時点から現在まで正面から衝突する。日本政府は、1910年条約は当初は有効であったが大韓民国政府が樹立した1948年8月15日に無効になったと解釈し、したがって35年間の日本の韓半島支配は「合法支配」であったと主張する。反面、韓国政府は1910年条約などは当初から無効であったと解釈し、したがって日本の韓半島支配は「不法強占」だったと主張する[8]。

　ところが、韓国政府は基本的に植民地支配責任を排除した「サンフランシスコ条約」に基づいて締結された「請求権協定」では「不法強占」について積極的に取り上げることができず、日本政府は自ら主張する「法的根拠」のある部分、その点で「合法的」といえる部分のみを取り上げた。

　その結果、「不法強占」の問題、すなわち不法な植民地支配の問題は「請求権協定」の対象とならなかった。『韓日会談白書』は「請求権協定」が「日帝の36年間の植民地的統治の代価」に対するものではないと[9]明確に指摘している。このように、1965年に「基本条約」と「請求権協定」が締結されて韓日間の国交が正常化されたが、植民地支配責任の問題は未解決の状態で残されたのである。

---

8) 김창록(金昌禄)、「1910년 한일조약에 대한 법사학적 재검토(1910年韓日条約についての法史学的再検討)」、『동북아역사논총(東北亜歴史論叢)』 29、2010参照。
9) 대한민국 정부(大韓民国政府)、『한일회담 백서(韓日会談白書)』、1965、41頁。

もう一度確認する

「請求権協定」の対象は次のとおりである。

　「請求権協定」は日本政府が主張する「領土の分離」にともなう韓日両国間の財政的・民事的な債権・債務関係を解決するためのものであり、不法な植民地支配の問題はその対象ではなかった。

第3章
「徴用」ではなく「強制動員」である

　上述のように、2018年大法院判決は「請求権協定」の適用対象を特定した後、原告らの請求権は「日本政府の韓半島に対する不法な植民支配および侵略戦争の遂行と直結した日本企業の反人道的な不法行為を前提とする強制動員被害者の日本企業に対する慰謝料請求権」であるので、「請求権協定の適用対象に含まれると見ることはできない」と判断した。

　すなわち、原告らの慰謝料請求権は不法な植民支配と直結した反人道的な不法行為に対するものなので「強制動員」慰謝料請求権であり、そのような強制動員慰謝料請求権は「請求権協定」の適用対象ではなかったということである。それでは、日本の韓半島支配はなぜ「不法な植民支配」なのか？「不法な植民支配と直結した強制動員」とは何なのか？

「不法な植民支配」

 2018年大法院判決そのものには日帝の韓半島支配がなぜ「不法な植民支配」なのかについての根拠が示されていない。ところがその根拠は原審判決であるソウル高等法院の判決に示されており、ソウル高等法院はその部分について2012年大法院判決にしたがっているので、結局2018年大法院判決は2012年大法院判決の根拠をそのまま採用したと見ることができる。2012年大法院判決の該当部分は次のとおりである。

> 大韓民国の制憲憲法はその前文で「悠久な歴史と伝統に輝くわれら大韓国民は己未三一運動によって大韓民国を建立し世界に宣布した偉大な独立精神を継承して、ここに民主独立国家を再建するにおいて」と規定し、その付則第一〇〇条では「現行法令はこの憲法に抵触しない限り効力を持つ」と規定し、… また、現行憲法もその前文で「悠久な歴史と伝統に輝くわれら大韓国民は三・一運動によって建立された大韓民国臨時政府の法統と不義に抗拒した四・一九民主理念を継承し」と規定している。このような大韓民国憲法の規定に照らしてみるとき、日帝強占期の日本の韓半島支配は規範的な観点から見て不法な強占にすぎない。

 要するに、大韓民国は3.1運動の独立精神と大韓民国臨時政府の法統を継承しているが、その二つは日帝の支配を否定するものなので、「日帝強占期の日本の韓半島支配は規範的な観点から見

て不法な強占」であるということである。

　ところで、3.1運動と大韓民国臨時政府の樹立は1919年のことである。そうするとそれ以前、すなわち1910年から1919年まではどうして「不法強占」なのか？その根拠は2012年判決にも示されていない。もちろん、3.1運動と大韓民国臨時政府の樹立からその根拠を導き出すことは不可能ではない。日帝の支配を否定するとは、その全体を否定することであるからである。

　ただし、さらに検討すると、1910年およびそれ以前に大韓帝国と大日本帝国の間に締結された一切の条約ははじめから無効であるという大韓民国政府の公式見解がより直接的な根拠であるといえる。韓国政府は「基本条約」第2条について、1965年に「該当する条約及び協定に関しては、1910年8月22日のいわゆる韓・日合併条約及びそれ以前に大韓帝国と日本帝国間に締結されたすべての条約・協定・議定書等、名称如何にかかわらず国家間合意文書はすべて無効であり、また政府間で締結されたものであれ皇帝間で締結されたものであれ無効である。無効の時期に関しては、『無効』という用語そのものが、別段の表現が附帯されないかぎり、原則的に『当初から』効力が発生しないということであり、『すでに』と強調されている以上、遡及して無効(Null and Void)である」[1]と解釈した。そして、以後その解釈を維持している。大法院判決はその公式見解を前提としているものであると見て間違いない。

---

1) 대한민국 정부(大韓民国政府)、『한일회담 백서(韓日会談白書)』、1965、19頁。

日帝の法令の効力

　2012年大法院判決の上記のような判断は日本の裁判所が宣告した判決を承認すべきかどうかについて判断する部分で登場する。一部の原告は日本の裁判所に提訴して敗訴の判決を宣告されたことがあった。被告の日本企業はその判決を韓国の裁判所が承認しなければならないと主張したが、大法院は日本判決を承認することは「大韓民国の善良な風俗やその他の社会秩序に違反するもの」なので承認できないと判断して、日本判決のなかで問題になる部分を次のように摘示した。

> この事件についての日本の判決が日本の韓半島と韓国人に対する植民支配が合法的であるという規範的な認識を前提として日帝の国家総動員法と国民徴用令を韓半島と原告らに適用することが有効であると評価(した部分)

　要するに、日本の韓半島支配は不法強占であったのに、日本の判決は合法支配を前提としているので承認できないということである。ところで、この部分において大法院判決は日本判決が「日帝の国家総動員法と国民徴用令を韓半島と原告らに適用することが有効であると評価」したことも誤りであると指摘している。やはり「合法支配」を前提としているためというのがその理由である。そこで、2012年大法院判決は上記のこの章の一番目の引用文のあとに次のように付け加える。

日本の不法な支配に基づく法律関係のなかで大韓民国の憲法精神と両立できないものはその効力が排除される。

　それでは、大法院はどうして日帝の法令の効力を排除することができるのか？ここで注目されるのが上記の一番目の引用文に登場する1948年「憲法」の付則第100条、つまり「現行法令はこの憲法に抵触しない限り効力を持つ」という条文である。ここに言う「現行法令」とは大韓民国政府樹立の時点で残っていた米軍政庁の法令と米軍政庁により効力が認められた日帝の法令である。

　第100条の意味は、それらの法令が大韓民国憲法に抵触しない範囲で効力を持つということである。反対解釈すると、大韓民国憲法に抵触すれば効力を持たないということになる。そしてその効力に対する判断は、個別事件の場合、最終的には最高法院である大法院が行うことになる。

　日帝の法令は大韓民国政府の樹立後も相当部分が相当期間の間効力を持っていた[2]。政府樹立後短期間にすべての法令を新たに用意することはできなかったので、「法の空白」を避けるために不可避な側面があった。しかし、いくらそうだとしても大韓民国憲法に抵触するものまで効力を認めるわけにはいかなかった。そこで1948年「憲法」第100条が規定されることになったのである。

---

2) 日帝の法令は、1950年代以後「刑法」などの基本法令が制定され、旧法令整理事業が推進された結果、次第に整理されていった。そして、最終的には、1961年7月15日の法律第659号「구 법령 정리에 관한 특별조치법(旧法令整理に関する特別措置法)」によって、1962年1月20日に大韓民国から法的には完全になくなることになった。

「徴用」と「強制動員」は異なる

　上記のように、大法院判決は日帝の「国家総動員法」(1938年法律第55号)と「国民徴用令」(1939年勅令第451号)[3]が「不法な植民支配と直結した」ものなので、すなわち大韓民国憲法に抵触するので、効力が排除されると判断した。ところで、日帝の「国家総動員法」と「国民徴用令」はまさに「徴用」の根拠法令である。それらの法令の効力が排除されるとどうなるのか？

　「徴用」は「国家総動員法」や「国民徴用令」などの日帝の法令に基づく制度であった。つまり、日帝は「徴用」という「合法的な」制度を使って韓半島の人民を連れて行き、働かせたのである。したがって、日本の立場からは「徴用」に対しては法令により負うべき責任のほかには何の責任もないことになる。

　しかし「国家総動員法」と「国民徴用令」の効力が排除されるなら、日帝は何の法的な根拠もなしに韓半島の人民を強制的に連行して強制的に労働をさせたこと、つまり強制動員をしたことになる。大法院判決はそのような理由で「日帝強占期の強制動員そのものを不法」であると判断したのである。この場合は不法行為に対する責任が発生することになる。大法院判決が解決していないとするのはまさにこの「強制動員」の問題なのである。

　つまり、原告らの被害は「国家総動員法」や「国民徴用令」などの

---

3) 「国民徴用令」はそもそも日帝の本土(いわゆる「内地」)にのみ適用されたが、「国民徴用令中改正ノ件」(1943年勅令第600号)の附則によって、1943年9月1日からいわゆる「外地」である韓半島にも適用されることになった。

日帝の法令に基づいた「徴用」に起因するものではなく、それらの法令の効力を排除することを前提とした「強制動員」に起因するものであり、「強制動員」は「請求権協定」にもかかわらず解決していないと大法院は宣言したのである。

　原告らの被害という現象は一つなのに、「徴用」と「強制動員」という別個の法的な判断が議論されるので、一見すると紛らわしい。ところで、これは「請求権協定」によって「徴用」に関する問題は解決したという事情と関連する。

「徴用」は解決したのか？

　ここで記憶を喚起しよう。「請求権協定」によって解決されたこととなった「対日請求要綱」には「被徴用韓国人の未収金、補償金及びその他の請求権」が含まれていた。これは何なのか？

　4次の改正を経た1944年「国民徴用令」（勅令第89号）では被徴用者に当然賃金を払うことになっており、徴用期間中の業務上の傷痍、疾病、またはそれによる死亡などの場合には扶助をすることになっていた。ところが、韓国人被害者たちはその賃金と扶助を受けることができない場合があった。その受け取っていない賃金が未収金であり、その受け取っていない扶助について支給すべきなのが補償金である。そしてその他の請求権は未収金または補償金と同じ性格をもつ請求権である。これらは「請求権協定」によって解決されたのである。

ただし、「徴用は解決された」と言うとき、「解決された」とは何を意味するのかについて、更に検討する必要がある。2018年大法院判決にはこれに関する判断がない。なぜなら原告らが徴用に関する未収金や補償金は請求せず強制動員に対する賠償金のみを請求したので、そもそも判断をする必要がなかったからである。

　「解決された」ということの意味は2012年大法院判決の仮定的判断に示されている[4]。該当部分は次のとおりである。

> (ある請求権が)請求権協定の適用対象に含まれるとしても、その個人請求権そのものは請求権協定のみによって当然消滅すると見ることはできず、ただ請求権協定によってその請求権に関する大韓民国の外交的保護権が放棄(されたに過ぎない。)

　つまり、「徴用」が「請求権協定」によって解決されたとしても、それは「徴用」に関する大韓民国の外交的保護権が放棄されたことを意味するのみであって、「徴用」被害者個人の請求権は消滅したのではないという意味である。これは日本政府と最高裁判所の立場でもある。日本政府と最高裁判所も協定そのものによって請

---

[4] この仮定的判断は2012年の三菱重工業訴訟判決と日本製鉄訴訟判決の両方に登場する。前者の場合、原告らが「対日請求要綱」に含まれていた未収金も請求したので、個人の権利消滅の如何が問題になる理由があった。しかし、後者の場合は、原告らがはじめから慰謝料のみを請求したので、それが「請求権協定」の適用対象ではないという判断のみで充分であって、個人の権利消滅の如何は論ずる理由がなかった。推測としては、当時の大法院第1部が三菱重工業訴訟判決をまず作成した後、その論旨を日本製鉄訴訟判決に適用する過程で、個人の権利消滅に関する部分を削除するべきであったのにもかかわらず削除しなかったことの結果のようである。

求権が消滅したのではないとしている[5]。

核心は「徴用」ではなく「強制動員」である

　重要なのは、2018年大法院判決の判断の対象はそのような「徴用」ではなく「強制動員」であるという点である。「強制動員」は「請求権協定」によって解決された「徴用」とは前提が完全に違う別の問題である。「強制動員」は日帝の韓半島支配が不法強占であるという前提の上で、日帝の法令のうち大韓民国憲法に抵触するものは効力が排除されるという前提の上で認められる不法行為である。不法な植民支配の問題を対象としない「請求権協定」によってそのような「強制動員」の問題が解決されたことはないのである。

　ちなみに、韓国国内では「強制徴用」という用語が広く使われているが、これは適切な表現ではない。不法性を内包する「強制」と合法性を内包する「徴用」を組み合わせることは形容矛盾であり、問題の本質を曇らせ混乱を招く危険性が大きい。大法院判決の多数意見=法廷意見は「強制徴用」という用語を一切使わず、一貫して「強制動員」という用語を使用している。「強制徴用」の代わりに「強制動員」という用語を使うべきである。

---

5)　日本政府の立場については、김창록(金昌禄)、「1965년 한일조약과 한국인 개인의 권리(1965年韓日条約と韓国人個人の権利)」、국민대학교 일본학연구소편(国民大学日本学研究所編)、『의제로 본 한일회담(議題から見た韓日会談)』、선인(ソニン)、2010参照。日本の最高裁判所の立場については上記の第1章脚注15)参照。

もう一度確認する

「徴用」と「強制動員」は次のように異なる。

「徴用」は日帝の法令に基づいた「合法的な」制度であり、「強制動員」は法的な根拠のない不法行為である。「請求権協定」によって「被徴用韓国人の未収金、補償金及びその他の請求権」の問題は解決された。ただし、解決されたのはそれに関する大韓民国の外交的保護権のみであって、被害者個人の請求権は消滅しなかった。反面、「強制動員」の問題はもともと「請求権協定」の適用対象ではなく、したがってそもそも解決されたことがない。

[補論]
韓日会談当時の韓国側の発言を見れば解決した？

　2019年7月30日付読売新聞[6]によれば、前日の7月29日に日本の外務省が韓日会談の交渉記録を示して、「韓国の主張は矛盾」と主張したという。示されたのは1961年5月10日に開催された第5次韓日会談予備会談一般請求権小委員会13回会合の記録である。その記録には「被徴用韓国人の補償」について韓国側が次のように発言したとある。

> 「強制的に動員し、精神的、肉体的苦痛を与えたことに対し相当の補償を要求することは当然だ」、「当時韓国人は日本人として徴用令が適用されたといわれるが、われわれはそう考えていない。日本人が日本人として戦争のために徴用されることは別の話で、われわれは全く強制的に動員され、また非常に虐待をうけたのである。」[7]

---

[6] 「徴用工訴訟、韓国の主張に矛盾 … 外交文書を公開」、『読売新聞』2019.7.30.
[7] 外務省アジア局北東アジア課、「第5次日韓全面会談予備会談の一般請求権小委員会会合(第13回会合)」、1961.5.10、20-21頁。以下日本側の韓日会談資料は「日韓会談文書情報公開アーカイブズ」(http://www.f8.wx301.smilestart.ne.jp/nikkankaidanbunsyo/index.php)で検索した結果による。

第3章　「徴用」ではなく「強制動員」である　　49

韓国政府が公開した記録にも似たような内容がある。ところで、この記録には韓国側のそのような発言に対して日本側は異なる主張をしたという事実も記載されている[8]。そして、その日本側の主張は1962年2月8日の第6次韓日会談一般請求権小委員会10回会合に関する日本側の記録に次のように整理されている。

> 韓国側は、本件請求(韓国人補償金；著者)において、生存者に対しても徴用による精神的苦痛に対する補償を要求されているが、日本側としては、被徴用韓人は、当時は日本人と同じ法的地位にあったのであり、日本人については徴用されただけではなにも補償措置をとっていなかったのであるから、被徴用韓人についても同様の取扱いをするほかないと考える。なお、死亡、傷病者に対する援護措置については、当時の国内法によって支給すべきものについては支給済であるが、前記(3)の未収金として処理されるべきものと考える[9]。

　また、韓国側の記録によれば、韓国側は1961年12月15日の第6次韓日会談一般請求権小委員会7次会議で、被徴用者の補償金3億6400万ドルを含め、8項目全体に対する補償金として計12億2000万ドルを要求して、次のように発言した。

---

8)　외무부 아주과(外務部亞洲課)、「제13차 1961.5.10(第13次1961.5.10)」、『제5차 한・일회담 예비회담 일반청구권 소위원회 회의록、1-13차、1960-61(第5次韓日会談予備会談一般請求権小委員会議録、1-13次、1960-61)』、1961、373-374頁。以下韓国側の韓日会談資料は「동북아역사넷(東北亜歴史ネット)」-「한일회담외교문서(韓日会談外交文書)」(http://contents.nahf.or.kr/item/item.do?itemId=kj)で検索した結果による。

9)　外務省アジア局北東アジア課、「第6次日韓全面会談の一般請求権小委員会第10回会合」、1962.2.8、17頁。

第5項の4は韓国人被徴用者に対する補償金であるが、これは過去日本に強制徴用された韓国人がその徴用によって被った被害について補償を請求するものである。… 我が国民は、日本人とは異なり、ただ日本の戦争遂行のための犠牲として強制徴用されたという点に照らして、死亡者に対する補償はもちろん生存者に対してもその被害について補償を請求するものである。… 補償金は生存者に対して1人当たり200ドル、死亡者に対して1人当たり1650ドル、負傷者に対して1人当たり2000ドル … 死亡者と負傷者は日本人に対して補償しているのを基準とした。… 生存者は肉体的、精神的に被った被害と苦痛を考慮したものである。[10]

これらの記録を総合すれば、次の諸点が確認される。1) 実務者段階の会談で韓国側が「強制的に動員し、精神的、肉体的苦痛を与えたこと」に対する補償を要求したことがある。2) 韓国側のその補償要求は、日本政府が日本人には補償しない生存者に対する補償金を要求する脈絡で提起されたものであり、死亡者と負傷者に対しては韓国側も日本人と同じ補償を要求したのみなので、「不法強占」を前提として厳密に法的な論理を展開したとは言いがたい。3) 日本側は終始一貫「合法支配」を前提として、当時の日本の国内法に基づいた補償のみが可能であるという論理で対抗した。

したがって、この記録を持ち出して「強制動員は『請求権協定』

---

10) 외무부 아주과(外務部亞洲課)、「소위원회、7차、1961.12.15(小委員会、7次、1961.12.15)」、『제6차 한일회담. 청구권위원회 회의록、1-11차、1961.10.27-62.3.6(第6次韓日会談。請求権委員会会議録、1-11次、1961.10.27-62.3.6)』、1962、156-158頁。

の適用対象ではなかった」という大法院判決を弾劾することは不可能である。実際、この記録は新しく発掘されたものではなく、韓日両国政府によりずっと以前に公開されていたものであり、なによりも訴訟の過程において被告の日本企業が自らの主張の根拠として韓国法院にも提出したものである。そして、大法院判決はそれらの記録についてすでに次のように判断している。

> (それらの記録に記載されている)発言内容は大韓民国や日本の公式見解でなく、具体的な交渉過程における交渉担当者の発言に過ぎず、13年にわたった交渉過程において一貫して主張された内容でもない。「被徴用者の精神的、肉体的苦痛」に言及したのは、交渉で有利な地位を占めようという目的による発言に過ぎないと考えられる余地が大きく、実際に当時日本側の反発で第5次韓日会談の交渉は妥結されることもなかった。また、上記のとおり交渉過程で総額12億2000万ドルを要求したにもかかわらず、実際には請求権協定は3億ドル(無償)で妥結した。このように要求額にはるかに及ばない3億ドルのみを受けとった状況で、強制動員慰謝料請求権も請求権協定の適用対象に含まれていたものとはとうてい言いがたい。

全体的に見て妥当な判断である。一つ付け加えれば、日本側が「強制動員」と認めた上で、それについて協議し韓国側と合意に至ったという記録はどこにもない。当然のことである。日本政府は終始一貫「強制動員」そのものを否定したからである。したがって、大法院判決は次のように判断したのである。

請求権協定の協商過程で日本政府は植民支配の不法性を認めないまま、強制動員被害の法的賠償を源泉的に否認し、これに伴い韓日両国の政府は日帝の韓半島支配の性格に関して合意に至ることができなかった。このような状況で強制動員慰謝料請求権が請求権協定の適用対象に含まれたと見るのは難しい。請求権協定の一方の当事者である日本政府が不法行為の存在およびそれに対する賠償責任の存在を否認する状況で、被害者側である大韓民国政府が自ら強制動員慰謝料請求権までも含む内容で請求権協定を締結したとは考えられないからである。

このような事情であるのにもかかわらず、日本の外務省がすでに検討済みの古びた記録の一部のみを持ち出して大法院判決に問題があるかのように強弁することは、事態の本質を糊塗しその解決を難しくするものであって、まことに不適切な振舞いであるといわざるを得ない。

第4章
「1965年体制」は寿命が尽きている

国際法違反?

　2018年10月30日、大法院判決が宣告されたその日、安倍晋三首相は「国際法に照らしてあり得ない判断」であると反発した[1]。翌10月31日には中曾根弘文元外務大臣が「国家としての体をなしていない」とまで極言した[2]。日本のマスコミの論調もまた、日本政府に歩調を合わせるかのように非難一色であった。大法院判決の内容と意味を冷静に分析した記事や社説は、驚くべきことにほぼ皆無であった。

---

1) 「安倍首相、徴用工判決に『国際法に照らしてあり得ない判断』」、『産経新聞』2018.10.30. (hhttps://www.sankei.com/article/20181030-BKOWZLUH2BMSFLAYTS6O3ZLULU/)。
2) 「徴用工訴訟 自民党合同会議が決議へ 日韓請求権協定に基づく仲裁委員会設置を韓国に要求」、『産経新聞』2018.10.31 (https://www.sankei.com/article/20181031-4AVEE4PMTZNEHH5IHUPRQFYWEE/)。

その後日本政府はその事案に言及するたびに、「韓国が国際法に違反した」という主張を欠かさず繰り返している。一体何の国際法にどう違反したということなのか？

　他国を「国際法違反」と非難するとき、それは通常国際社会の一般原則に深刻に違反した場合であるか、国際条約に明白に違反した場合である。ところが大法院判決はそのような場合に当たらない。しかも日本政府はその主張の明確な根拠を提示しない。したがって「国際法違反」という日本政府の非難は、何の根拠もなしにあちこちで「韓国は悪い国だ」と騒ぐシミュレーションに過ぎないのである。

「請求権協定」違反？

　日本政府のそれなりに整理された立場は、2018年大法院強制動員判決が宣告された直後に発表された「外務大臣談話」(「大韓民国大法院による日本企業に対する判決確定について」)[3]に見いだされる。その要旨は次のとおりである。

---

3) 日本製鉄強制動員判決が宣告された2018年10月30日に一番目の外務大臣談話が発表された。「大韓民国大法院による日本企業に対する判決確定について(外務大臣談話)」(https://www.mofa.go.jp/mofaj/press/danwa/page4_004458.html)、2018.10.30. その全文は巻末の[資料3]参照。なお、三菱重工業強制動員判決が宣告された11月29日にも同じタイトルと似ている内容の「外務大臣談話」が発表された。「大韓民国大法院による日本企業に対する判決確定について(外務大臣談話)」(https://www.mofa.go.jp/mofaj/press/danwa/page4_004550.html)、2018.11.29.

1. 大韓民国大法院の判決は、「請求権協定第2条に明らかに反し、」「1965年の国交正常化以来築いてきた日韓の友好協力関係の法的基盤を根本から覆すものであって、極めて遺憾であり、断じて受け入れることはでき」ない。
2. 日本としては、「大韓民国が直ちに国際法違反の状態を是正することを含め、適切な措置を講ずることを強く求め」る。
3. 「直ちに適切な措置が講じられない場合には、… 国際裁判(や対抗措置4))も含め、あらゆる選択肢を視野に入れ、毅然とした対応を講ずる考え」である。

　この談話に登場する非難の唯一の根拠は、「大法院判決が『請求権協定』第2条に反する」ということである。つまり「『請求権協定』第2条違反」をもって「国際法違反」と言っているのである。「請求権協定」は条約なので、確に国際法の一部である。しかし、その規定が曖昧である。その曖昧な規定について大韓民国大法院が国際法上の条約解釈の基準に則って解釈をしたのである。それがただちに「国際法違反」になるわけではない。

　日本政府が提起する問題の実体は、寛大に見ても「大韓民国大法院判決の解釈は我々の解釈と違う」ということに過ぎない。それなら自分の解釈を示し、その根拠を明らかにして大法院判決を弾劾することが正常な対応の姿であろう。ところが日本政府は自

---

4) 2018年10月30日の「外務大臣談話」には含まれていなかったが、11月29日の「外務大臣談話」に追加された部分である。

分の解釈は何か、その根拠は何かについて一切触れない。上記の「外務大臣談話」には、「参考」として「請求権協定」第2条1項および3項の条文が添付されているのみである。結局日本政府の主張は「我々の気に入らない解釈は国際法違反である」ということなのである。実に傲慢な主張であるといわざるをえない。

解釈上の紛争は存在するのか？

より根本的な問題がある。果たして大法院判決の解釈は日本政府の解釈と異なるのか、つまり解釈上の紛争は存在するのかという問題である。

大法院判決の解釈は「強制動員問題は『請求権協定』の対象ではない」というものである。日本政府がその解釈が間違っていると非難しようとするなら、「強制動員問題は『請求権協定』の対象である」と反論するべきなのである。ところが、驚くべきことに日本政府はそのように主張していない。

日本政府は「強制動員」という表現そのものを使わない。代わりに「徴用」という表現を使っている。日本政府は大法院判決以降、「旧朝鮮半島出身労働者問題」という新しい表現を持ち出したが[5]、これには特別な意味がない。大法院判決事件の原告らが徴用ではなく募集や官斡旋を通じて日本へ行ったという事実を強調して、

---

5) 『第197回国会衆議院予算委員会 第2号』、2018.11.1、7頁。

彼らの「自発性」を浮彫りにしようという意図であると思われるが、原告の一部は日本の現地で徴用に転換された場合もあり、何よりも歴史学者たちの研究によって募集や官斡旋も欺瞞による強制連行・強制労働であったという事実が明らかにされているので[6]、その意図はそもそも空しいものである。

より根本的に見て、「旧朝鮮半島出身労働者問題」はそれ自体があまりにも包括的かつ曖昧なものなので、そもそも法的な意味を持ちにくい。したがって、日本政府の主張を法的な意味のあるものとして再構成すれば、「徴用問題は『請求権協定』の対象である」ということになる。

要するに、大法院判決は「強制動員問題は『請求権協定』の対象ではない」といっているのに対して、日本政府は「徴用問題は『請求権協定』の対象である」と反論しているのである。両者の解釈が異なり、解釈上の紛争が存在するというためには、韓国側が「A(強制動員問題)はB(「請求権協定」の対象)ではない」と言っているのに対して日本側は「AはBである」と反論すべきである。しかしながら、現在の韓日間の対立の実質は、韓国側が「AはBではない」といっているのに対して、日本側は「AはBである」ではなく「C(徴用問題)はBである」と反論しているのである。したがって論理的には紛争そのものが存在しないのである。

---

[6] 外村大、『朝鮮人強制連行』、岩波書店、2012; 동북아역사재단일제침탈사편찬위원회 기획(東北亜歴史財団日帝侵奪史編纂委員会企画)/허광무 외2(許光茂他2)、『일제의 전시 조선인노동력 동원(日帝の戦時における朝鮮人労働力の動員)』、동북아역사재단(東北亜歴史財団)、2021参照。

韓国政府が答えを持って来い？

このような事情であるのにもかかわらず、日本政府は韓国政府に対して「直ちに国際法違反の状態を是正することを含め、適切な措置を講ずることを強く求め」ると声高に叫んでいる。

去る2019年6月19日には、韓国外交部が伝えた「提案」を、河野太郎外務大臣がそれでは「国際法違反の状況が続くことになるので日本としては受け入れられない」[7]と退けた。1ヶ月後の7月19日には、またもや河野外務大臣が、韓国大使と面談した席で、「韓国側の提案はまったく受け入れられるものではない、国際法違反の状況を是正するものではないということは、以前に韓国側にお伝えしてお」るが、「それを知らないふりをして改めて提案するのは極めて無礼で」[8]あるとまで極言した。

それにもかかわらず韓国政府が取るべき「適切な措置」が何かについては一切触れない。結局「私々の気に入る答えを持ってくるまで無条件でだめだ」ということなのである。まことに無礼な振舞いであるといわざるをえない。

韓国政府が積極的に乗り出して大法院判決を覆す宣言でもやれというのか？韓国政府が大法院に圧力をかけて判決を覆せと

---

7) 「日외무상 "강제징용 관련 韓제안, 수용 못 한다고 전달"(종합2보)(日本外務大臣、「強制徴用関連の韓国の提案、受け入れられないと伝達」[総合2報])」、『연합뉴스(聯合ニュース)』2019.6.19(https://www.yna.co.kr/view/AKR20190619147852073?section=search)。

8) 「河野外相「極めて無礼」 徴用工訴訟で駐日韓国大使とのやりとり詳細」、『産経新聞』2019.7.19(https://www.sankei.com/article/20190719-PHPVDR5FWFMFRMEMNX4AND4UNM/2/)。

いうのか？韓国政府が大法院判決に基づく強制執行をやめさせろというのか？これら以外に日本政府のいう「適切な措置」を思いつくことは難しい。

しかし、いうまでもなくこれは三権分立を原則とする民主主義国家に対してとうてい求めうるものではない。しかも大韓民国は三権分立を犯したという容疑で元大法院長が起訴されており、その「取引」の相手であった元大統領は弾劾され受刑生活をした国である。

仲裁？

一方、日本政府は「請求権協定」に関する自分の解釈は示さないまま、韓日間に「紛争」が存在するとして「請求権協定」第3条の手続を求めた。

「請求権協定」第3条1項には、「この協定の解釈及び実施に関する両締約国の紛争は、まず、外交上の経路を通じて解決するものとする」と規定されており、2項以下には1項によって「解決することができなかつた紛争」に対して決定する仲裁委員会の構成およびその決定の効力について規定されている[9]。

---

9) 第3条の全文は次のとおりである。「1. この協定の解釈及び実施に関する両締約国の紛争は、まず、外交上の経路を通じて解決するものとする。2. 1の規定により解決することができなかつた紛争は、いずれか一方の締約国の政府が他方の締約国の政府から紛争の仲裁を要請する公文を受領した日から三十日の期間内に各締約国政府が任命する各一人の仲裁委員と、こうして選定された二人の仲裁委員が当該期間の後の三十日の

日本政府は、去る2019年1月9日に、第3条1項を根拠として外交上の経路を通じた協議を要請し[10]、同じ年の5月20日に第3条2項を根拠として仲裁委員会の構成を要請し[11]、さらに1ヶ月後の6月19日に第3条3項を根拠として「仲裁委員を指名する第三国を選定する」ことを要請した[12]。韓国政府はそれらの要請に応じず、その結果日本政府の「仲裁カード」は不発に終わった。

　この事態をどう見るべきなのか？日本政府は韓国政府が「請求権協定」第3条の手続きに従う義務に違反して「更なる協定違反」を犯したと主張する[13]。しかしながら、第3条の手続きに従うのが義務なのかどうか検討する必要がある。2011年8月30日に韓国の憲法裁判所が日本軍「慰安婦」問題の解決に取り組まない韓国政府

　　期間内に合意する第三の仲裁委員又は当該期間内にその二人の仲裁委員が合意する第三国の政府が指名する第三の仲裁委員との三人の仲裁委員からなる仲裁委員会に決定のため付託するものとする。ただし、第三の仲裁委員は、両締約国のうちいずれかの国民であつてはならない。3.いずれか一方の締約国の政府が当該期間内に仲裁委員を任命しなかつたとき、又は第三の仲裁委員若しくは第三国について当該期間内に合意されなかつたときは、仲裁委員会は、両締約国政府のそれぞれが三十日の期間内に選定する国の政府が指名する各一人の仲裁委員とそれらの政府が協議により決定する第三の政府が指名する第三の仲裁委員をもって構成されるものとする。4.両締約国政府は、この条の規定に基づく仲裁委員会の決定に服するものとする。」

10)「旧朝鮮半島出身労働者問題に係る日韓請求権協定に基づく協議の要請」、2019.1.9. (https://www.mofa.go.jp/mofaj/press/release/press4_006961.html)。
11)「旧朝鮮半島出身労働者問題に係る日韓請求権協定に基づく仲裁付託」、2019.5.20. (https://www.mofa.go.jp/mofaj/press/release/press4_007430.html)。
12)「旧朝鮮半島出身労働者問題に関する金杉アジア大洋州局長による金敬翰在京韓国大使館次席公使の召致」、2019.6.19(https://www.mofa.go.jp/mofaj/press/release/press4_007540.html)。
13)「大韓民国による日韓請求権協定に基づく仲裁に応じる義務の不履行について(外務大臣談話)」、2019.7.19(https://www.mofa.go.jp/mofaj/press/danwa/page4_005119.html)。

の不作為は違憲であると宣告[14]した直後、韓国政府が第3条に基づいて外交上の経路を通じた協議を要請したとき、日本政府が応じなかった前例がある。

より根本的には、何に対する協議であり仲裁であるのかが明確でないという問題がある。協議であれ仲裁であれ、主題が明確でなければ始められない。ところが日本政府は「国際法違反」、「旧朝鮮半島出身労働者問題」に対して協議し仲裁しようと言うのみである。漠然としている。これをもって協議しようとか、3人の仲裁委員によって構成される仲裁委員会に決定を依頼しようというのは、基本的な要件を充足できていない要求である。

「強制動員問題が『請求権協定』の対象なのか？」について議論しようというなら主題が少し具体化される。しかしながら、日本政府はそのように主題を構成することができない。「強制動員」そのものを否定するからである。「徴用問題が『請求権協定』の対象なのか？」と変えても主題が少し具体化される。しかしながら、大法院判決は「徴用」問題が「請求権協定」の対象か否かについて判断したのではないので、これもまた主題になることができない。

たとえ、とにかく仲裁に委ねて一定の結論を出すとしても、それで終わるわけでもない。日本軍「慰安婦」、サハリン韓人、被爆などの問題もある。これらの問題もすべて仲裁に委ねなければならないことになる。

---

14) 憲法裁判所 2011.8.30 宣告 2006헌마788 決定。

国際司法裁判所？

　日本政府がちらつかせる国際司法裁判所(International Court of Justice：ICJ)への提訴も同じ問題を抱えている。日本政府がICJに提訴するためには紛争の主題を示さなければならないが(「国際司法裁判所規程」第40条1項)、これについては仲裁の場合と同じ問題がある。

　しかも、日本政府がICJに提訴するためには管轄権成立の根拠を示さなければならないが、韓国政府が裁判の進行に同意しないとICJの管轄権は成立しない。したがって、「ICJカード」は空虚な叫びに過ぎない。実際、ICJ提訴が大層なカードであるかのように騒いだ日本政府は、「仲裁カード」が不発に終わった後、「ICJカード」もこっそりとひっこめた。

　一方、韓国国内にも仲裁に応じようとか国際司法裁判所に行ってみようと主張する人々がいる。彼らに問う。「何」を仲裁に委ね、ICJに依頼するのか？仲裁やICJの話をしたいなら、まずこれに対する答えを明確に示すべきであろう。

「1965年体制」の命運を早める日本

　日本政府の主張が大法院判決のそれとかみ合わない理由、日本政府の攻撃が空虚な理由は、事案の本質が「請求権協定」の枠組みを越えたものだからである。大法院判決が提起した問題が単に

「請求権協定」の技術的な解釈と実施の域にとどまるものではなく、「基本条約」第2条に直結した「日帝による韓半島支配の性格」という韓日関係の根源的な対立点に関する問題だからである。

大法院判決は一次的には「請求権協定」に対する解釈であるが、同時にその解釈を通じて「請求権協定」という枠組みの外に解決されていない問題があるという事実を指摘した。ところが、日本政府は自分に有利であると考える「請求権協定」という枠組みから抜け出そうとしない。

それでは大法院判決を弾劾することができない。日本政府の「領土の分離にともなう問題の解決」という「枠組みの中」の論理によっては、大法院判決の「不法強占にともなう反人道的不法行為の問題の未解決」という「枠組みの外」の論理に対抗することができない。争おうとするなら「請求権協定」の外へ出なければならない。そして「合法支配であったのでそもそも問題ではない」と反論しなければならない。

日本政府も内心ではそうしたいのかも知れない。しかし、「強制動員」の深刻な被害の実態が次々明らかになり、それに対する糾弾が着々と積み上げられてきた今、「合法支配なので何の問題もない」と主張するのはあまりにも厚かましく時代錯誤的なので、どうしても口にすることができない。植民地支配に対する「痛切な反省の意を表し、心からのお詫びの気持ちを表明」すると述べた「村山談話」[15]以来の歴代日本首相の談話の内容とも衝突す

---

15) 「戦後50周年の終戦記念日にあたって」(いわゆる村山談話)(村山内閣総理大臣談話)、

る。そのため、ひたすら自分の「請求権協定」解釈の中に引きこもって「理由は聞かないで韓国が解決しろ」とごねているのである。

　結局、「基本条約」と「請求権協定」を軸とする「1965年体制」は寿命が尽きている。「1965年体制」は21世紀の韓日間の対立を覆い隠すにはもはや古すぎる。1965年にはどうにか問題を覆い隠したように処理してやり過ごすことができたかもしれないが、もはやそうは行かない。30年近い歳月の間、被害者たちの訴えに応えるために「資料と論理」を積み重ねて問い続けた結果、それがとても古びた網の切れ端であるという事実がますます明確になった。

　そのような「1965年体制」にしがみつけばしがみつくほど、その「運命の瞬間」はより早まるのみである。そして、無理に無理を重ねて覆い隠そうとしてきた本質的な問題がより鮮明に浮彫りになるのみである。いま日本政府が行っていることがまさにそれである。

　1995.8.15(http://www.mofa.go.jp/mofaj/press/danwa/07/dmu_0815.html)。

第5章
韓国政府が乗り出さなければならない？

「韓国政府が乗り出して解決しろ」とせかしているのは日本政府だけではない。韓国国内でもあちこちからそのような主張が聞こえる。一体、何をしろというのか。そしてなぜ、そうしろというのか。

「強制動員」問題に対し韓国の政府と企業は責任がない

もう一度確認しておこう。第1章で確認したように、2018年大法院判決の結論は「強制動員問題は『請求権協定』の適用対象ではない」というものである。

したがって、強制動員問題は「請求権協定」とは関係がなく、当然「請求権協定」に基づいて韓国が受領した無償3億ドルとも関係がない。これはつまり、強制動員問題に関する限り韓国政府は責

任がなく、無償3億ドルから支援を受けたポスコ(Posco)などの韓国企業も責任がないということを意味する。

　このような大法院判決の趣旨に反する主張はそもそも解決策にはなりえない。それにもかかわらず、その趣旨に反する主張が乱舞している。同一人物の主張が時々刻々変わることもある。実に、衆口ふさぎ難しともいうべき状況がめまぐるしく繰り広げられているのである。いちいち整理することも難しいが、代表的なものを選んで検討してみることにしよう。

2+2？

　韓国政府が乗り出して韓国企業、日本政府、日本企業とともに財団を作って解決しろという。いわゆる2+2である。大法院判決にしたがえば強制動員問題に対して責任のない韓国政府がなぜ財団を主導的に作るべきであり、同じく責任のない韓国企業がなぜ財団に出捐するべきなのか？

　提案者は先例としてドイツの「記憶、責任、未来財団(Stiftung Erinnerung, Verantwortung und Zukunft)」[1]をあげる。ところが、その財団は第2次世界大戦当時ナチス・ドイツによって強制動員の被害を受けた人々を救済するために、2000年にドイツ政府と企業がそれぞれ50億マルクずつ出捐して作ったものである。つま

---

1)　財団のホーム・ページ(https://www.stiftung-evz.de/)参照。

り、加害国の政府と企業が自分たちの過ちに対する責任を取るために作ったものなのである。

　我々の事案に適用すれば、財団を作るなら当然加害国である日本の政府と企業が主体になって作るべきなのである。加害者ではない韓国政府が乗り出すべきことでも韓国企業が参加するべきことでもない。まして、加害国は責任を取らないと言い張って、むしろ被害国を非難している状況ではなおさらである。

　また、「記憶、責任、未来財団」は1990年代にナチス強制動員被害者たちがアメリカでドイツ企業に対して提起した訴訟に対処する方策として作られたものである。その訴訟によってドイツ企業に対するアメリカ国内の世論が悪化した。そのような状況で、ビル・クリントン(Bill Clinton)アメリカ大統領が仲裁者として乗り出して財団を作って解決する方法を提案し、それが実を結んで「記憶、責任、未来財団」が作られたのである。ところで注目すべきことは、アメリカにおける訴訟で関連被害者たちが勝訴したケースはなく、その結果財団は「法的責任」は排除した形で作られたという点である。

　我々の事案はその点でも異なる。韓国人被害者たちは大法院判決という勝訴確定判決を持っている。その判決には日本企業に法的責任があると明記されている。したがって、解決策は「法的責任」を取る形でなければならない。もちろん、被害者たちが同意するなら日本政府と企業が財団を作って、訴訟に参加しなかった被害者たちまで含め被害者たち全体と和解することは不可能ではない。しかし、その場合でも「法的責任」の核心である事実認定、謝

罪、賠償、真相究明、慰霊などが必ず含まれなければならない。

　元来2+2は、2017年6月13日に発議された「日帝強制動員被害者人権財団の設立に関する法律案」[2]に具体化されていたものである。大法院確定判決が遅滞するなかで、時間があまり残っていない高齢の被害者たちのために、責任の問題は保留して迅速かつ包括的な解決策を作ろうという主旨を反映したものであった。したがって当時としては一定の評価を受けられるものであった。しかし大法院判決が宣告され日本企業が責任者として確定した今となっては説得力がない。

2+1？

　2+1はとても怪しい主張である。韓国政府が乗り出して韓国企業、日本企業と共に財団を作って解決しろという主張なのだが、なぜ日本政府が外れるのか、その理由が分からない。

　大法院判決でも確認されたように、計画を樹立し実行して強制動員を主導したのは日本政府である。したがって日本政府こそ補助役である日本企業よりはるかに大きい責任を取らなければならない。

---

2) 「일제강제동원 피해자 인권재단의 설립에 관한 법률안(日帝強制動員被害者人権財団の設立に関する法律案)」、2017.6.13. (https://likms.assembly.go.kr/bill/billDetail.do? billId=PRC_M1M7G0M6F1W3B1N7I0T1U4V7X6T8C7)。この法律案は、2020年5月29日に任期満了で廃棄された。

大法院判決で日本政府が外れたのは、原告たちが日本では日本政府と企業の両者を被告として訴訟を提起したが[3]、韓国では日本企業のみを被告として訴訟を提起したためである。「他の国を法廷に立たせない」という国際法上の原則、つまり「主権免除」または「国家免除」の原則のためである。もちろんこの原則は絶対的なものではない。しかしながら、法廷でこの原則を克服するには多くの時間がかかる可能性がある。その点を考慮して、つまり日本政府に責任がないからではなく、訴訟戦術上の理由で韓国訴訟では日本政府を被告から外したのである。

　このような事情であるのにもかかわらず、財団から日本政府は外そうというのはなぜなのか？「日本政府が強く反発するので外してあげよう」ということ以外に理由が見つからない。実に惨憺たる論理といわざるをえない。

1+1？

　1+1は、去る2019年6月19日頃に韓国政府が安倍政府に提案したものの突き返された案である。当時の外交部の報道資料によれば、韓国政府の案は次のようなものである。

　「訴訟の当事者である日本企業を含めた韓日両国の企業が自発的な

---

[3] 大阪地方裁判所平成9年(ワ)第13134号等；大阪高等裁判所平成13年(ネ)第1859号；最高裁判所第一小法廷平成15年(オ)第340号。

出捐金により財源を形成し、確定判決被害者たちに慰謝料該当額を支給することによって、当事者間の和解が行われることが望ましいという意見」を日本側が「受け入れる場合、日本政府が要請した韓日請求権協定第3条1項の協議手続きの受け入れを検討する用意があり、このような立場を最近日本政府に伝えた。」[4)]

ところが、この案は、第一に責任のない韓国企業が出捐金を出すことを前提としているという点で問題がある。第二に両国の企業が「自発的」な出捐金により財源を形成することを内容とする案を韓国政府が提案することもおかしい。第三に進行中の関連訴訟があり、訴訟を提起することが難しい被害者たちの問題もあるのに、「確定判決被害者たち」のみを対象とする財団を作ることが解決策にはなり難い。第四に結局和解という方式で解決しようということであるが、事実認定、謝罪、真相究明、慰霊などはまったく考慮せずに、確定判決の「慰謝料該当額を支給」することのみを内容としている点でも問題である。したがって、1+1も説得力がない。

1+1/α?

1+1が挫折した後、一方では1+1/αという案が出されている。

---

4) 「강제징용 판결문제 우리 정부 입장(強制徴用判決問題についての我が政府の立場)」、2019. 6. 19(https://www.mofa.go.kr/www/brd/m_4080/view.do?seq=369294)。

1+1は日本企業と韓国企業であり、αは韓国政府であるが、1+1+1といわず1+1/αという理由は、責任の根拠が異なるためだそうである。/αの根拠は、「外国の強占状態を容認して、その不法行為により自国民が生命を失い財産を保護されない状態を是正できなかった大韓民国臨時政府の責任を、その法統を継承した大韓民国が負うべきである」というものである。

すでに検討したように、この案も責任のない韓国企業を参加させようというものなので、1+1というその出発点そのものに問題がある。なぜ日本政府は外すのかという問題もある。

/αも深刻である。加害者の不法行為責任が問題である事案に、なぜ突拍子もなく被害国の自国民保護責任という明白に異なる範疇に属する別の責任を混ぜるのか？しかも、加害国の責任は問わないという提案なので問題はより深刻である。無道な強盗の責任は差し置いて、力のなかった家長にのみ責任を取れということが、果たして妥当な話なのか？

代位弁済、求償権？

まず韓国政府が債務者である日本企業の代りに債権者である勝訴原告(被害者)たちに弁済し、その後日本企業に償還を要求する権利、つまり求償権を行使して該当の金額を取り立てようという案もある。

韓国民法第480条1項によれば弁済をする正当な利益のない者

も弁済することができるし、債権者の承諾を得て債権者を代位することができる。したがって、単純論理では韓国政府は弁済をする正当な利益のない者ではあるが日本企業の代りに被害者たちに弁済をすることができるし、被害者たちの承諾を得てその債権を行使することができるということになる。しかし法治国家である大韓民国では政府のすべての行為には法的な根拠がなければならない。日本企業の負うべき損害賠償責任を韓国政府が肩代わりすべき法的な根拠ははたしてどこにあるのか？

また、韓国政府が求償権を行使すれば日本企業が素直に応じるのだろうか？日本企業が賠償をすることができないと言い張っているのは、その企業の規模に照らしてごく少ない額に過ぎない賠償金が負担になるためではない。日本製鉄は新日鉄住金という商号を使っていた2012年6月26日の株主総会で「法律は守らなければならない」と述べ、大法院判決に従う考えを明らかにしたこともある[5]。

日本企業が賠償を拒否するのは日本政府がそうするようにそそのかしているためである。日本政府は大法院判決が宣告された直後である2018年11月6日に日本の企業と経済団体を対象に非公開説明会を開催した[6]。また11月15日には駐韓日本大使館が韓国に進出している日本企業を対象として説明会を開き、「1965年の

---

5) 「新日鉄住金12年の株主総会で韓国判決の受け入れ表明」、『聯合ニュース』2018. 10. 31. (https://jp.yna.co.kr/view/AJP20181031000500882)。
6) 「徴用工判決、政府が企業に説明「交流進めたい」の声も」、『朝日新聞』2018. 11. 6. (https://www.asahi.com/articles/ASLC64FLGLC6ULFA00T.html)。

韓日請求権協定によって完全かつ最終的に解決ずみであるということが一貫した立場」であり、「今後もその立場に基づいて対応する」、「民官協力を確実に」するという立場を明らかにした[7]。日本製鉄を含めた日本企業が一様に韓国裁判所の判決に抵抗しているのはこのような日本政府の立場に従った結果である。

　したがって日本政府の立場が変わらない限り、日本企業が韓国政府の求償権行使に応じる可能性はない。応じないと訴訟を提起するしかない。そして勝訴すれば？ 同じく、日本政府の立場が変わらない限り、日本企業が韓国裁判所の判決に従う可能性はない。それなら、強制執行をするしかない。しかし、それは、「代位弁済、求償権」という案の出発点、つまり「現金化＝強制執行はいけない」という日本政府の主張を受け入れるという前提と衝突する。

　こうしてみれば、結局「代位弁済、求償権」という主張は、一般大衆には不馴れな法律用語を使って可能でない方向を提示すること、しかも欺瞞的な方向を提示することであるというべきであろう。

提案は実現可能なものでなければならない

　繰り返し指摘するが、上記のすべての案は、日本政府が日本政

---

7) 「日、서울 한복판서 '징용판결' 설명회…"종결된 문제" 강변(종합)(日、ソウルの真ん中で「徴用判決」説明会…「解決済の問題」強弁[総合]」、『연합뉴스(聯合ニュース)』2018. 11. 15. (https://www.yna.co.kr/view/AKR20181115076251014?section=search)。

府や日本企業が少しでも責任をとることになる方式は排除しているという点で、そもそも実現可能性のないものである。

日本政府の反発は日本企業の経済的な損失のためではない。特別な形式と内容を充足しなければならない訴訟を提起できる韓国人被害者は少数である。したがって、彼らに支払うべき賠償金の額は日本の巨大企業が負担できないものではない。

それにもかかわらず日本政府が無理な通商攻撃まで敢行し抵抗していることを見ると、理由は別のところにあるというしかない。「平和憲法」改正のための推進力の確保、韓国の経済成長に対する牽制、新しい東アジア秩序の模索などの分析はそのため出てくるのである。

安倍の信念

もう一つつけ加えるべきことは、日本政府、特に安倍政府は日本の韓半島支配が決して過ったものではないという信念を持っているという点である。安倍政府は日本軍「慰安婦」問題に対する日本政府の責任を認めた1993年の「河野談話」[8]と植民地支配に対する責任を認めた1995年の「村山談話」を消し去るために死力を尽くした。

---

8) 「慰安婦関係調査結果発表に関する河野内閣官房長官談話」、1993.8.4(http://www.mofa.go.jp/mofaj/area/taisen/kono.html)。

「政府が発見した資料の中には、軍や官憲によるいわゆる強制連行を直接示すような記述も見当たらなかった」[9]、つまり「官憲が家に押し入っていって人を人さらいのごとく連れていくという、そういう強制性」(いわゆる「狭義の意味における強制性」)[10]を立証する記述が発見されなかったので、日本軍「慰安婦」問題の強制性は存在しない、したがって日本軍「慰安婦」はそもそも問題ではない、という奇怪な論理まで打ち出した。

　2015年の日本軍「慰安婦」合意の当時、外務大臣に「代読謝罪」をさせておいて、日本の国会で野党議員が「一度自分の言葉で言うべきだ」と3回も直接謝罪を求めたのに対して、「何回も、問われるたびに私が何か答弁をするということであれば、それは最終的に終了したことにはならない」と答え、直接謝罪すれば不可逆的な解決という合意に違反することになるという奇怪な論理で拒絶した[11]。翌年の国会でも被害者たちに謝罪の手紙を送る用意がないかという質問に対して、「毛頭考えていない」[12]と言い切った。韓国政府に対しても「不可逆的」を盾に、日本軍「慰安婦」を口にもするなと畳みかけた。

---

9)　「衆議院議員辻元清美君提出安倍首相の「慰安婦」問題への認識に関する質問に対する答弁書」、2007.3.16. (https://www.shugiin.go.jp/internet/itdb_shitsumon.nsf/html/shitsumon/b166110.htm)。

10)　『第166回国会参議院予算委員会議録第3号』、2007.3.5、9頁(https://kokkai.ndl.go.jp/#/detailPDF?minId=116615261X00320070305&page=9&spkNum=72&current=1)。

11)　『第190回国会衆議院予算委員会議録第3号』、2016.1.12、17頁(https://kokkai.ndl.go.jp/#/detailPDF?minId=119005261X00320160112&page=17&spkNum=109&current=6)。

12)　『第192回国会衆議院予算委員会議録第3号』、2016.10.3、16頁(https://kokkai.ndl.go.jp/#/detailPDF?minId=119205261X00320161003&page=16&spkNum=134&current=2)。

いわゆる「戦後70年」の2015年に発表した「安倍談話」[13]では、韓半島に対する植民地支配については一言も触れず、韓半島に対する強占へ進む一つの段階であった露日戦争における日本の勝利を「植民地支配のもとにあった、多くのアジアやアフリカの人々を勇気づけ」たものと自讃した。「韓国」という単語は、日本が「戦後一貫して、その平和と繁栄のために力を尽く」した国の一つとしてただ一回言及した。

韓国政府が行うべきこと

　韓国政府はすべからく重要懸案である大法院強制動員判決の局面を打開するために乗り出さなければならない。ただし、大法院判決が宣言した原則を堅持しながら進めなければならない。大法院判決こそ韓国政府の公式立場を反映したものであり、韓国政府が自ら「尊重」すると明言した[14]ものでもある。

　大法院判決は一次的には韓国人個人と日本企業という私的な主体の間の個別紛争に対する判断である。したがって、敗訴した日本企業が大法院判決にしたがって賠償をすれば一段落する。

---

13) 「内閣総理大臣談話」、2015.8.14(https://warp.ndl.go.jp/info:ndljp/pid/10992693/www.kantei.go.jp/jp/97_abe/discourse/20150814danwa.html)。
14) 「강제징용 소송 관련 대국민 정부입장 발표문(強制徴用訴訟に関する政府の立場の対国民発表文)」、2018.10.30(https://www.opm.go.kr/flexer/view.do?ftype=pdf&attachNo=87746)。文在寅大統領も「政府が司法府の判決に関与することはできない。政府は司法府の判決を尊重しなければならない」という立場を明確にした。「2019 문재인 대통령 신년기자회견 연설(2019文在寅大統領新年記者会見演説)」、2019.1.10.

ところが、三菱重工業や日本製鉄は、韓国最大のローファームを動員して、それぞれ18年、13年以上も高齢の「強制動員」被害者たちを相手に積極的に争ったのに、いざ判決が宣告されると従わないと言い張っている。

　大法院判決が宣告されたとき、三菱重工業訴訟の原告5名は全員死亡しており、日本製鉄訴訟の原告4名のうちの3名も死亡していた。判決宣告を見守ったのは94歳の原告1名のみであった。日本企業の大法院判決の拒否は「強制動員」被害者たちに対する最小限の信義にも背くものであるだけでなく、大韓民国の司法権を真正面から否定するものであって、とうていあり得ない振舞いである。

　それに対しては法に則って行動すればよい。債務者が債務の履行を拒否しているのだから強制執行をすればよい。大韓民国の司法手続である強制執行に対して日本政府も韓国政府も介入できる余地はない。

　韓国政府が積極的に行うべきことは、大法院判決の趣旨にしたがって「日本の韓半島に対する不法な植民支配」に関する問題が解決しなかったと明確に宣言し、日本政府にそれに対する解決を持続的に要求する外交的努力を尽くしていくことである。大法院判決が強制動員問題に関して大韓民国の外交的保護権も残っているとしたのは、まさにこれを意味するのである。

第6章

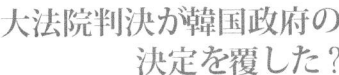
大法院判決が韓国政府の
決定を覆した？

　2018年大法院判決に問題があるというあれこれの批判が日本ではもちろん韓国国内でも提起されている。そのなかで扱う必要のあると思われる批判一つだけを検討してみることにする。

　それは、大法院判決が2005年の「韓日協定文書公開後続対策関連民官共同委員会」(以下「共同委」)の決定[1])(以下「「決定」」)を覆したというものである。これは日本側の反発の主な論拠の一つであるが、むしろ韓国国内でより多く提起された批判でもある。いわゆる「保守」マスコミが「決定」と「決定」に至るまでの議論の過程を記録した『「国務総理室韓日修交会談文書公開等対策企画団活動」白書』[2])(以下『白書』」)を引用て提起する批判がその代表的な例で

---

1) 국무조정실(国務調整室)、「[보도자료(報道資料)]한일회담 문서공개 후속대책 관련 민관공동위원회 개최(韓日会談文書公開後続対策関連民官共同委員会開催)」、2005. 8. 26.
2) 국무총리실 한일수교회담 문서공개 등 대책기획단(国務総理室韓日修交会談文書公開等対策企画団)、『「국무총리실 한일수교회담 문서공개 등 대책기획단」백서(国務総理室韓日修交会談文書公開等対策企画団活動」白書)』、2007.

ある。

　ところが、その批判は争点や用語に対する理解が充分でないだけでなく、「決定」と『白書』の全体的な脈絡は考慮せず、その一部のみを動員して論旨を展開するなど問題が多い。

　ただし、「決定」と『白書』そのものが充分明確でないという側面もある。特に『白書』には共同委の記録だけでなく、その下部機構である民間委員会、分科委員会、関係部署次官会議などの記録も含まれているが、様々な争点に対する様々な意見を検討する内容が含まれているのにもかかわらずその記述がとても疎略であり、全体的にみて用語の使用や分析において厳密でない部分も含まれている。したがって忍耐心を持って入念に検討する作業が必要である。

　以下では、まず共同委の最終結果物である「決定」の文言と脈絡を検討し、そのなかで曖昧な部分に対しては『白書』を参照する方式で検討してみることにする。上記の条約解釈の場合と同じ方式である。

「決定」とは何か？

　まず、2005年「決定」に至るまでの経緯から確認しておく。2000年5月1日、三菱重工業強制動員被害者たちが釜山地方法院に提起した訴訟をはじめとして、韓国国内でも多数の対日過去清算訴訟が提起されたが、それらの訴訟でも日本訴訟と同じく「請求権協

定」が主な争点として浮上した。

そこで原告側が韓国政府に韓日会談関連文書の公開を要請した。その要請が拒否されると、被害者たちは2002年10月に韓国政府に対して情報公開拒否処分の取消を請求する訴訟を提起した。

これに対してソウル行政法院が2004年2月13日に原告一部勝訴の判決3)を宣告し、韓国政府はいったん控訴したが、2004年10月に盧武鉉大統領の指示により関連文書を全面公開する方針を決めた。その後、韓国政府は2005年1月に対策企画団と共同委を構成して文書公開に対する対策を立て、2005年8月26日に韓日会談関連文書を全面公開した。「決定」はそのとき共同委の立場として発表されたものである。

要するに、訴訟を媒介にした被害者たちの公開要求と盧武鉉大統領の決断が相まって、通常30年が過ぎると公開されるにもかかわらず40年近く倉庫のなかに積まれていた韓日会談関連文書が全面公開されることになり、その過程で「決定」が誕生したのである。

ところで、共同委は21名の構成員のうち国務総理が共同委員長につき、財経部などの六つの部の長官と国家報勲処長、国務調整室長、青瓦臺民政主席が委員として参加する国務総理諮問機構であり、次官会議を経て上程される案件に対して最終的な意思決定をする機構であった。したがって、共同委の「決定」は韓国政府の立場を反映しているものであるといって間違いない。

---

3) ソウル行政法院 2004. 2. 13 宣告 2002구합33943 判決。

「決定」─「請求権協定」の法的効力の範囲

「決定」は、まず「韓日請求権協定の法的効力の範囲など」について、次のようにまとめている。

> ○ 韓日請求権協定は基本的に日本の植民支配に対する賠償を請求するためのものではなく、サンフランシスコ条約第4条に基づいて韓日両国間の財政的・民事的な債権・債務関係を解決するためのものであった。
> ○ 日本軍慰安婦問題など日本政府・軍などの国家権力が関与した反人道的な不法行為については請求権協定によって解決されたと見ることはできず、日本政府の法的責任が残っている。
>   ── サハリン同胞、原爆被害者の問題も韓日請求権協定の対象に含まれていない。

上記の内容中、「請求権協定」が「基本的に日本の植民支配に対する賠償を請求するためのものではなく、サンフランシスコ条約第4条に基づいて韓日両国間の財政的・民事的な債権・債務関係を解決するためのもの」であるという部分は、1965年以来の韓国政府の立場を再度確認したものである。

特徴的なのは、「日本軍慰安婦問題など日本政府・軍などの国家権力が関与した反人道的な不法行為については請求権協定によって解決されたと見ることはできず、日本政府の法的責任が残っている」という部分である。これは、「請求権協定」が植民地

支配に対する賠償を請求するためのものではないという大前提から出発するとき、論理的に当然続く命題であるが、「決定」の以前には明確には提示されていなかったものである。つまり、この部分は韓国政府が韓日会談文書の全面公開に際して、それ以前まで明確には提示されていなかった立場をきちんと整理して提示したものであるといえるのである。

三つだけ残っている？

ところで、批判論者たちは「決定」のこの部分を、「韓国政府が日本政府の法的責任が残っているとした反人道的な不法行為は、三つ、つまり日本軍『慰安婦』問題、サハリン同胞問題、原爆被害者問題のみである」と解釈する。したがって「強制動員問題は『請求権協定』によって解決されたというのが韓国政府の立場である」と主張する。

正しい解釈ではない。その三つのみを限定的に列挙しようとしたなら、「日本軍慰安婦問題など」という表現は使うことができず、三つを一つの文章のなかに併記しなければならなかったはずである。

その三つは「国家権力が関与した反人道的な不法行為」の例示とみるべきである。「決定」の最後の部分に、「政府はまた日帝強占下の反人道的な不法行為については外交的な対応方案を引き続き講じていくことにした」としつつ、「『海南島虐殺事件』など日本

軍が関与した反人道的な犯罪の疑惑については真相究明をした後に政府の対応方案を検討」と付け加えているので、いっそうそのように解釈するのが正しい。「『海南島虐殺事件』など」も「反人道的な犯罪」でありうるということが当然前提になっているからである。ちなみに、『白書』では「『海南島虐殺事件』、『731部隊生体実験』など」という記述も見られる[4]。

サハリン同胞、原爆被害者問題をなぜ特別に規定したのか

ただし、例示とみる場合でも、なぜ「サハリン同胞、原爆被害者問題」のみを別の項目として特別に提示したのかについては追加的な検討が必要である。これについては『白書』の中の次のような部分が注目される。

> 協商の当時議論されなかった原爆被害者、サハリン韓人の補償問題などは請求権協定によって解決されなかったということはすでに日本も認めている[5]。

> サハリン韓人同胞、原爆被害者は韓国政府が日本政府と外交的な協議を通じて被害者たちに対する追加的な支援対策を講じる[6]。

---

4) 『白書』、89頁。
5) 『白書』、68頁。
6) 『白書』、89頁。

要するに、共同委は「サハリン同胞、原爆被害者問題」は「請求権協定」によって解決されなかったということを「すでに日本も認めて」おり、日本がすでに一定の支援をした状況で「追加的な支援対策」を講ずるべきであるという点で、反人道的な不法行為のなかでも特別な問題であるとみたのである。これが「サハリン同胞、原爆被害者問題」のみを特別に言及した理由である。

「決定」―「強制動員」!

　「決定」は、上記の原則的な立場表明に続いて、「韓日協定協商の当時、韓国政府が日本政府に対して要求した強制動員被害補償の性格、無償資金の性格、'75年韓国政府の補償の適正性の問題など」を別の項目に設定して次のように整理している。

- ○ 韓日協商の当時、韓国政府は日本政府が強制動員についての法的な賠償・補償を認めないため、「苦痛を受けた歴史的な被害事実」に基づいて政治的な次元から補償を要求しており、そのような要求が両国間の無償資金の算定に反映されたと見るべきである。
- ○ 請求権協定を通じて日本から受領した無償3億ドルは、個人財産権(保険、預金など)、朝鮮総督府の対日債権など韓国政府が国家として有する請求権、強制動員被害補償問題の解決の性格の資金などが包括的に勘案されていると見るべきであろう…
- ○ しかし、'75年の我が政府の補償の当時、強制動員負傷者を補償対

象から外すなど道義的な次元において被害者補償が不充分であったと見る側面がある。

このように、「決定」ではたしかに「強制動員」という用語が使われており、それにともなう「被害補償問題の解決の性格の資金」が「請求権協定」によって日本が韓国に供与した無償3億ドルに「反映されたと」、「勘案されていると見るべきであろう」という内容が含まれている。「韓国政府が強制動員問題は『請求権協定』によって解決されたと認めた」と読まれる余地のある内容である。そこで、批判論者たちはこの部分を最も重要な論拠として持ち出すのである。

大法院判決の判断

まず、それについての2018年大法院判決の判断は次のとおりである。

> 2005年、民官共同委員会は請求権協定当時政府が受領した無償資金のうちの相当額を強制動員被害者の救済に使用しなければならない「道義的責任」があったとしたうえで、1975年の請求権補償法などによる補償は「道義的次元」から見る時、不充分であったと評価した。そして、その後に制定された2007年の犠牲者支援法および2010年の犠牲者支援法はともに強制動員関連被害者に対する慰労金や支援金

の性格が「人道的次元」のものであることを明示した。

　上の引用文に登場する2007年および2010年の犠牲者支援法は、「太平洋戦争戦後国外強制動員犠牲者などの支援に関する法律」(2007年法律第8669号)と「対日抗争期強制動員被害調査および国外強制動員犠牲者などの支援に関する特別法」(2010年法律第10143号)である。これらの法律は「被害者補償が不充分であった」という「決定」の判断に基づいて制定されたものであり、これらの法律によって「強制動員犠牲者」、「強制動員生還者」、「未収金被害者」に「人道的次元から慰労金など」(第1条)が支援された。

　大法院判決の上の判断において注目されるのは、「決定」と支援法はあくまでも「道義的責任」、「道義的次元」、「人道的次元」に関するものであると指摘しているという点である。つまり、「決定」も支援法も強制動員問題の「法的次元」に関するものではなく、「法的次元」に関する判断は大法院が行うという趣旨である。上記のように、その「法的責任」に関する大法院の判断は「強制動員問題は『請求権協定』の適用対象ではない」というものである。

　大法院判決に基づき我々の問題について整理すると次のようになる。

1) 「決定」では、「強制動員被害補償問題」については無償3億ドルに反映されており、その結果韓国政府に責任があるとしたが、それはあくまでも「政治的次元」からの反映、「道義的次元」からの責任として認めたのに過ぎず、「法的次元」からの判断ではない。

2) 個別事件において強制動員と「請求権協定」の「法的関係」について最終的な判断を行う権限は大法院が持つ。
3) 大法院は「強制動員問題は『請求権協定』の適用対象ではない」という「法的判断」を下した。
4) したがって、大法院判決は「決定」を覆したのではない。

なぜ「強制動員」なのか？

上記のように、大法院判決の論旨だけでも批判に対する反駁は可能である。ただし、「決定」には追加的な検討が必要な部分がある。

「決定」はなぜ「強制動員」という用語を使ったのか？「強制動員」という用語は「請求権協定」やその附属文書のどこにも出てこない。日本側がその存在そのものを否定したので、そもそも登場することのできない用語である。上記のように「対日請求要綱」第5項では「被徴用韓国人の未収金、補償金」となっている。1970年代に韓国政府が請求権資金によって補償をした当時の関連の諸法律にも「被徴用死亡者」となっている。それにもかかわらず、「決定」があえて「強制動員」という用語を使った理由は何なのか？

その理由は用語の使用における厳密性の不足に見出すことができる。『白書』では「徴用」、「強制動員」、「強制徴用」という用語が特別な区別なしに互換的に使われている。「決定」が発表された当日である2005年8月26日に開催された第3次共同委の会議資料にも「強制動員者未収金」[7]という表現が登場する。

結局、「決定」は「徴用」、「強制動員」、「強制徴用」の間の法的な差異について明確に整理しないまま「強制動員」という用語を使ってしまったという批判を免れがたい。

「決定」の「強制動員」と大法院判決の「強制動員」とは異なる

　ところが、より重要なのは「決定」の「強制動員」と大法院判決の「強制動員」とは異なるという点である。「決定」の関連部分をもう一度引用する。

> 韓日協商の当時、韓国政府は日本政府が強制動員についての法的な賠償・補償を認めないため、「苦痛を受けた歴史的な被害事実」に基づいて政治的な次元から補償を要求しており、そのような要求が両国間の無償資金の算定に反映されたと見るべきである。

　つまり、「日本政府が強制動員についての法的な賠償・補償を認めな」かったので、それは要求できず、「『苦痛を受けた歴史的な被害事実』に基づいて政治的な次元から補償を要求」しており、そのような要求が「両国間の無償資金の算定に反映された」ということである。
　この部分のより具体的な意味は2005年8月26日の第3次共同委

---

7)　『白書』、41頁。

会議の資料における次のような記録に見いだされる。

— 強制動員被害補償について、日本政府は、強制動員が解放前の日本法による合法行為であったので韓国人は補償請求権がないと主張し、
— 反面、韓国政府は、強制動員そのものの不法性を主張する代りに、強制動員被害者たちが苦痛を受けた歴史的な事実に基づいて政治的な次元からの被害補償を要求し、そのような要求が両国間の無償資金の算定に反映されたと見るべきである。
— したがって、無償資金に強制動員被害補償金が反映されたことが政治的な要求によるものであるとしても、我が政府が日本に再び法的な被害補償を要求することは信義則上困難。
— しかし、被害者個人が「強制動員は日帝の不法な韓半島支配の過程で発生した精神的・物質的な総体的被害」という法的な論拠によって日本に賠償を請求することは可能[8]。

そして、2005年7月22日の第3次次官会議と、8月26日の第3次共同委の直前に開催されたと見られる第4次次官会議の記録には、次のような内容も含まれている。

— 韓国は「植民地の不法性を根拠として強制動員の補償を要求したの」ではない[9]。

---

8) 『白書』、42-43頁。

― 「韓国政府が現時点で植民地そのものが不法であると主張しつつ法的な次元(徴用そのものの不法性)から強制動員に対する賠償を要求することは論理的には可能」である[10]。

― 韓国国民の「徴用そのものの不法性に基づく損害賠償請求権が協定によって消滅されておらず」[11]、したがって「韓国民が植民地の不法性を根拠として日本政府に補償を提起することは可能」である[12]。

『白書』から確認できる上記の内容によって補完すれば、「決定」の「強制動員」に関する部分の意味は次のように整理できる。

1) 韓国は植民地支配の不法性に基づいて強制動員そのものの不法性を主張したのではなく、苦痛を受けた歴史的な事実に基づいて政治的な次元から補償を要求した。
2) 韓国政府は植民地支配の不法性を根拠として法的な次元から強制動員に対する賠償を要求することができる。
3) 韓国国民も植民地支配の不法性を根拠として賠償を要求することができる。

このように、「決定」の「強制動員」は植民地支配の不法性を前提

---

9) 『白書』、89頁。
10) 『白書』、81-82頁。
11) 『白書』、82頁。
12) 『白書』、89頁。

としたものではない。2007年および2010年の支援法もまたその延長線上にあるのである。それに反して、大法院判決の「強制動員」は植民地支配の不法性を前提としたものである。したがって、大法院判決は「決定」を覆したものではないのである。

信義則上困難？

　上で引用した2005年8月26日の第3次共同委会議資料の中で、強制動員について「無償資金に強制動員被害補償金が反映されたことが政治的な要求によるものであるとしても、我が政府が日本に再び法的な被害補償を要求することは信義則上困難」といった部分について一言付け加えておく。この部分は「決定」に含まれていないので共同委の最終見解ではない。ところが、韓国国内の批判論者たちが特別に問題視する部分なので、検討しておくことにする。

　「信義則」の辞典的な意味は、「すべての人は社会の一員として相手方の信頼にもとらないように誠意をもって行動しなければならないという原則」である。ある要求をしたものの貫徹できなかった状態で一段落した後で、またもや同じ要求をすることはたしかに信義則違反である。しかし、以前に要求したことのない事項について根拠を整えて要求することは信義則違反でありえない。

　上の第3次共同委会議資料の文章によっても、韓日会談当時の要求は「政治的な要求」であり、「信義則上困難」と判断した対象は「法的な被害補償要求」である。前者は植民地支配の不法性を前提

としない被害に対する要求であって、後者は植民地支配の不法性を前提とした被害に対する要求である。要求の性格も対象も異なる。したがって、韓国政府が法的な被害補償を要求することは以前に行った要求を「再び」行うことでありえない。

要するに、上の文章には論理的な逸脱がある。この点からも、共同委の論理的・法的な厳密性の不足という限界を指摘せざるをえない。

また一歩前進するべきである

盧武鉉政府における韓日会談文書の全面公開、共同委の活動と「決定」、そして支援法の制定と被害者支援は、決して過小評価されてはならない。韓国政府が1965年にするべきであったのにもかかわらずできなかったことを遅まきながら行ったからである。それは、被害者たちと世界の市民たちによる韓日過去清算のための至難の努力に応答した韓国政府の措置として、確に一歩前進したものであった。

ただし、それが充分であったのかについては指摘しておかなければならない。高齢の被害者たちに対する支援が急務である状況だったという点を考慮しても、韓国政府の立場をもっと厳密に整理することはできなかったのかという物足りなさがある。

2018年の大法院強制動員判決はその不足した厳密性を補うことによって、韓日過去清算の法的な論理を完成したものである。

それは2005年の「決定」を覆したものではなく、「決定」の延長線上で「決定」が残しておいた「法的な次元」からの判断を追加したものである。また、それは1965年当時の韓国政府が残しておいた「古びた課題」に対して応答したものでもある。

したがって、2018年の大法院強制動員判決こそ「法的な次元」からの大韓民国の最終的な立場である。それを固い足場としてもう一歩前進していくべき時である。

第7章
それで何をすべきなのか？

ボールは日本のコートにある

　日本政府は大法院判決に反発して、2019年7月4日に韓日間の信頼関係が著しく損傷されたという理由で、半導体関連3品目に対する第1次通商攻撃を敢行し、また8月28日には安全保障上の重大な利益の保護のため必要な措置という理由で、韓国を「ホワイトリスト」から排除する第2次通商攻撃を敢行した。第1次攻撃のとき「信頼関係の毀損」を掲げたのは、政治・外交の問題を通商問題と不当に結び付けたものであって、明らかにWTOの「関税および貿易に関する一般協定」などの国際通商規範に違反したものであり、第2次攻撃のときに掲げた「安全保障上の重大な利益」も説得力のある根拠を提示できなかったので、これもまた国際法違反である。それにもかかわらず日本政府は依然として攻撃を撤回していない。しかも2019年1月9日から大法院判決に基づいて韓国にあ

る日本企業の資産に対する強制執行手続が進められていることに対して、「現金化が行われれば大変なことになるぞ」と脅している。

　しかし、ボールは日本のコートにある。2018年大法院判決は国際法の原則に則って「請求権協定」を解釈したものである。その根拠は充分説得力があり、結論もまた妥当である。したがって日本政府の反発は誤りである。少なくとも何の根拠も示さずに「国際法違反」、「『請求権協定』違反」と非難すること、具体的な内容は示さずに「適切な措置」を取れと脅すことは、対等な主権国家の間でとうてい許されない無礼な振舞いでしかない。

　日本政府の心底にあるのは、結局「不法強占」の否定、「合法支配」の強弁である。そこで日本政府が当事者でもない事件の判決についてさえ、「説明会」という名目で日本企業にして従わないようそそのかしているのである。

　振り返ってみれば、安倍政府以前までは韓日両国が互いに接近していた。1995年8月15日の「村山談話」では、「植民地支配と侵略によって、多くの国々、とりわけアジア諸国の人々に対して多大の損害と苦痛を与えました。…疑うべくもないこの歴史の事実を謙虚に受け止め、ここにあらためて痛切な反省の意を表し、心からのお詫びの気持ちを表明いたします」と述べた。2010年8月10日の「菅談話」[1]では、「三・一独立運動などの激しい抵抗にも示されたとおり、政治的・軍事的背景の下、当時の韓国の人々は、そ

---

1)　「内閣総理大臣談話」、2010.8.10(https://www.kantei.go.jp/jp/kan/statement/201008/10danwa.html)。

の意に反して行われた植民地支配によって、国と文化を奪われ、民族の誇りを深く傷付けられました。…植民地支配がもたらした多大の損害と苦痛に対し、ここに改めて痛切な反省と心からのお詫びの気持ちを表明いたします」と述べた。ところが、安倍政府以後の日本政府がそれを覆そうとしているのである。これこそ現在の葛藤の主な原因なのである。

今からでも、日本政府は韓日間の真の友好のために植民地支配責任を積極的に認め、日本企業に対する圧力をやめるべきである。

大法院判決は執行されなければならない

日本政府の通商攻撃に対して、文在寅政府は2019年8月22日に「大韓民国政府と日本国政府間の軍事秘密情報の保護に関する協定」(GSOMIA)の終了を決定し、9月11日に日本を世界貿易機構(WTO)に提訴し、9月18日に日本を白色国家(輸出手続優待国)から除外する措置を取った。安保協力が信頼に基づくものでなければならないという点で、不当な通商攻撃は国際法違反であるという点で、適切な対応であったといえる。それにもかかわらず韓国社会の一角から、「日本との通商と安保協力が重要なので、大法院判決に対する日本の反発をやわらげるために何とかしなければならない」という主張が絶え間なく続いている。しかし、異なることをごちゃ混ぜにしてはいけない。過去清算は通商・安保と分離してアプローチするべきである。

第5章で検討したように、2018年10月30日以降の大法院強制動員判決は一次的には韓国人個人と日本企業という私的な主体の間の個別紛争に対する判断である。したがって敗訴した日本企業が大法院判決にしたがって賠償をすれば一段落する。

　日本企業は韓国最大のローファームを動員して10年以上も法廷で熱心に闘った。2012年の破棄差戻判決を覆すために「司法壟断」を企てたという容疑さえある。それなのに、いざ判決が宣告されると従わないと言う。その相手は高齢の「強制動員」被害者たちである。判決が宣告されたときその大部分はすでに死亡していた。日本企業の判決拒否は大韓民国の司法権を真正面から否定するものであるだけでなく、高齢の「強制動員」被害者たちに対する最小限の礼節さえ背くものであり、決してありえないことである。

　もう一度指摘するが、日本政府は大法院判決の執行に対する不当な干渉を止めるべきである。日本企業に賠償をしないよう指示することは大韓民国の主権を侵すことである。1992年3月9日の衆議院予算委員会で、日本政府は韓国人被害者たちの「損害賠償請求について、いかなる取り扱いがされるか、これは裁判所の判断にまつ」[2]と言った。請求権の実現如何は裁判所の判断に任せて決定すべき問題であるという立場を明らかにしたのである。大法院判決はまさにその「裁判所の判断」に当たるものである。「日本の裁判所の判断にのみ従うという意味であった」というのか？自国中

---

2) 『第123回国会衆議院予算委員会議録第15号』、1992.3.9、11頁(https://kokkai.ndl.go.jp/#/detailPDF?minId=112305261X01519920309&page=11&spkNum=60&current=1)。

心主義の傲慢でしかない。

　一方、第5章で検討したように、韓国国内では解決策と言って2+2、2+1、1+1、1+1/α、代位弁済・求償権など各種の「解決策」が溢れ出た。大法院判決の結論は「強制動員問題は1965年『請求権協定』の対象ではない」ということである。強制動員問題に関する限り韓国政府は責任がなく、無償3億ドルから支援を受けた韓国企業も責任がないという意味である。したがって、そのすべての「解決策」は、責任がない韓国政府や韓国企業が乗り出せといっている点で大法院判決にもとる誤った処方なのである。

　なによりも深刻なのは、日本政府の反発が「不法強占」の否定、「合法支配」の強弁に起因するものであるという点を考慮するとき、万一大法院判決にもとる措置を韓国政府が取る場合、それは取りも直さず「合法支配」の強弁に同調する結果につながるという点である。これは大法院判決の否定を越えて大韓民国憲法の否定にまでつながりかねない深刻な事態であるといわざるをえない。

　異なるものを軽率にごちゃ混ぜにしてはいけない。軽率な弥縫策は問題を解決してくれないのみならず、むしろ問題の解決をより難しくする。「慰労金」10億円をもらう代わりに反人道的犯罪行為の「最終的・不可逆的解決」に同意してやった、2015年日本軍「慰安婦」合意の過ち[3]をまたもや繰り返してはならない。法と歴史に無知な朴槿恵政府のその過った合意のため払わなければならな

---

3) 김창록 외3(金昌禄他3)、『2015 '위안부' 합의 이대로는 안 된다(2015「慰安婦」合意、このままではいけない)』、경인문화사(キョンイン文化社)、2016参照。

かった対価がいかに大きかったのかを噛みしめるべきである。

　大法院判決事件の現在の状態は、確定判決が下されたにもかかわらず債務者が債務履行を頑固に拒否し続けているものである。そうであれば、強制執行をするしかない。それが法である。ただし、和解を通じる解決の道をはじめから閉ざす必要はない。日本企業が率先して和解を提案し、和解の条件に事件の原告らが合意するなら和解を通じた解決も不可能ではない。

　ただし、すでに原告勝訴の確定判決が宣告されている今の時点における和解は、単純に金銭的な解決にとどまることではなく、+αを含めることでなければならない。+αは不法行為の事実に対する明確な認定、明確な謝罪と賠償金の支払い、追加的な真相究明に対する約束、死亡した被害者たちに対する持続的な慰霊などである。さらに、同じ日本企業によって強制動員の被害を受けたにもかかわらず訴訟が提起できなかった被害者たちも含めての和解がより望ましい。それこそ加害者と被害者の間の全面的な問題解決になるからである。

強制動員被害者への「支援」は別の課題である

　訴訟という方式を利用できない強制動員被害者たちの問題を解決しなければならないという声もある。日帝強占下強制動員被害真相究明委員会から被害者と認定された人数は21万余名であるが[4]、今まで訴訟を提起した被害者は300-400名程度である。訴訟

を提起するためには被害を立証できる厳格な証拠が必要であるが、長い歳月が経過した被害についてそのような要件を整えることが容易でないからである。遺憾ながら、そのような被害者たちが日本政府や企業の不法行為責任を問うことができる方法は、韓国政府の外交的努力を通じた解決以外はない。やむをえない法の限界である。

ところで、一方ではそのような被害者たちのために韓国政府が積極的に責任を取らなければならないという声も聞こえる。国家の保護義務を果たせなかったとか、「請求権協定」によって解決された部分に対する責任の履行が不十分であったということがその理由である。

韓国政府が何も行わなかったわけではない。「請求権協定」によって解決された部分に対しては、1970年代に「被徴用死亡者」に限られたものではあれ一定の補償を行い[5]、2007年および2010年の支援法を通じて全面的な「人道的支援」を行った。ただし、既存の「支援」に不十分な点があるなら、追加的な「支援」を行うことが妥当である。被害者判定の手続を持続的に維持しなければならないとか、生存被害者に対する支援が充分でないとか、遺骨の奉還を持続的に行わなければならないという指摘に対して、国民的な

---

4) 대일항쟁기 강제동원 피해조사 및 국외강제동원 희생자 등 지원위원회(対日抗争期強制動員被害調査及び国外強制動員被害者等支援委員会)、『위원회 활동 결과보고서(委員会活動結果報告書)』、2016、182頁。

5) 1966年2月19日に制定された「청구권자금의 운용 및 관리에 관한 법률(請求権資金の運用及び管理に関する法律)」; 1971年1月19日に制定された「대일민간청구권 신고에 관한 법률(対日民間請求権の申告に関する法律)」; 1974年12月21日に制定された「대일민간청구권 보상에 관한 법률(対日民間請求権の補償に関する法律)」参照。

合意に基づいて既存の法律を改正するか新しい法律を制定して対処することを検討してみる必要がある。

ただし、これはどこまでも韓国政府が取らなければならない責任の範囲内においての課題である。「韓半島に対する不法な植民支配および侵略戦争の遂行と直結した日本企業の反人道的な不法行為」である強制動員に対する日本政府と企業の法的な責任とごちゃ混ぜにしてはならない。韓国政府と企業が作った財団を「呼び水」にして日本政府と企業も参加できるようにしようという主張は、異なる責任をごちゃ混ぜにするものであって、明らかに誤ったものである。

過去清算一般は長期的な課題として取り組まなければならない

大法院判決は強制動員被害者の権利を確認したものであると同時に、「植民地支配責任」[6]が解決するべき課題であると宣言したものでもある。したがって、韓国政府は大法院判決の趣旨に則って日本の植民地支配責任が解決されなかったと明示的に宣言し、その解決のために持続的な努力を尽くしていかなければならない。

---

6) より正確には「不法強占責任」である。なお、厳密にいえば不法強占と植民地支配は区別される。前者が後者より狭い概念である。ただし、ここでは植民地支配一般との連携性を考慮する必要から、両者を互換可能な概念として想定する。

「植民地支配責任」。大きな課題である。短期間には解決できない難しい課題である。相手が全面否定する状況では結局長期的な課題になるしかない。今すぐ解決できない課題は寝かせておく知恵が必要である。

ただし、息長くじっくりと準備して進むべきである。加害者である日本が被害者である韓国に跪けと目をむく、本末転倒の暗鬱な風景が広がるようになった一次的な原因は、いうまでもなく盗人猛々しく意地を張る日本にある。しかし韓国が持続的かつ体系的な対応と追及を行えなかったことが口実になったという事実も、また直視しなければならない。

韓国政府は充分な資料と明確な論理を備えていたか？韓国の関連機関は体系的な資料収集と整理、分析と研究を行ってきたか？あるいはそもそもそれのできるシステムを整えていたか？韓国はその国家の品格に似合う「法」に対する感受性を養ってきたか？

今からでも準備しなければならない。韓日過去清算は必然的に持続的な課題である。目下の懸案に関連して、遠からぬ朝日修交の過程において、そしてやがてやってくる韓半島統一の過程において、繰り返し焦点とならざるをえない課題である。

資料をより多く集めるべきである。すでに公開されている資料を体系的に収集・整理・分析しなければならないことはもちろん、日本政府に対して根拠もなく我を張らずに持っている資料をすべて公開せよと求めるべきである。論理をより念入りに練るべきである。現実世界において国家間の関係は結局は力によって左

右されるが、その力は物理力だけではなく、論理もまた力の重要要素である。課題を綿密に解決していく力量を広げるべきである。もはや、「貧しくて弱い国なので配慮してくれ」と哀願することが大韓民国の外交でありうるはずはない。堂々と権利を主張し責任をもって義務を履行することによって真の主権国家として確固たる位置を占めなければならない。

大法院判決の局面の初期から「コントロール・タワーがない」という指摘が続いたという事実をもう一度振り返るべきである。政府はもちろん、関連機関が与えられた役割を十分果たしたのか全面的に点検するべきである。機能調整はもちろん、必要なら統廃合や新しい機関の設立を積極的に検討しなければならないはずである。

日本市民に新しい連帯を訴える

韓国と日本の間で植民地支配責任の問題が未解決のまま残っていると宣言した大法院判決は、ある日突然天から降って来たものではない。その問題は1965年に韓日両国政府が解決せずに封印したものである。1990年代初頭から韓国人被害者たちが日本で、アメリカで、韓国で30年近い歳月の間訴訟を通じて闘ってその封印を破った。訴訟が繰り返される中で、植民地支配責任が問題の核心であるという事実がますます鮮明になった。関連の国際人権法も著しく発展した。その中で、権威主義時代の国家暴力に対す

る韓国国内の過去清算訴訟の過程において個人の権利と国家の責任に対する感受性を育ててきた韓国の裁判所が、植民地支配責任を未解決の課題として確認した。それで我々が今ここにいるのである。

歴史に基づき正義を目指す法を通じて新しい歴史を作り出したその至難の過程の先頭に、反人道的な不法行為の被害者たちが立っていたという事実を記憶しなければならない。1945年の光復以後も依然「弱者」であったかれらが、老躯に鞭打って20年以上も訴訟を進めて深刻な人権侵害に対する救済を求めなかったなら、大法院判決が日の目を見ることはなかった。

また、その被害者たちのそばに献身的な支援を惜しまなかった韓国と日本、そして全世界の市民たちがいたという事実も記憶しなければならない。アメリカ訴訟と韓国訴訟は日本訴訟がなかったなら不可能であったし、日本訴訟は研究者と法律家を含む日本市民の献身的な努力がなかったなら不可能であった。

ただし、大法院判決が新しい韓日連帯という方向を指しているという事実に注目しなければならない。日本では長い間韓国人被害者たちが提起した問題を「戦後補償問題」と呼んできた。もちろん皆がそうであるわけではないが、多くの日本市民はそれを第2次世界大戦にともなう被害の問題として位置づけてきた。しかし大法院判決はそれをはるかに越える意味を持つ。問題の核心が「戦争被害」ではなく「植民地支配責任」であると宣言したからである。大法院判決は日本市民が課題にした「戦争被害」と「戦後補償」にとどまるものではなく、それを越えて「植民地支配責任」を

問うているのである。大法院判決は、個人の権利に関するものであると同時に、国家などの「植民地支配責任」に関するものなのである。

韓国人被害者たちが「二度と我々のような痛みを味わう人々がいないように」と訴えるとき、かれらの痛みは戦争によるものでもあるが、その以前に植民地人民であったために強いられた特別な痛みであった。かれらの訴えに応えるためには、戦争のない世の中を作らなければならないが、それと同時に互いに尊重する対等な関係のなかでともに人権と平和を志向する東アジア、そして全世界を作らなければならない。日本の市民に、これからその道をともに歩もうと訴える。

方向としての植民地支配責任の追及

「植民地支配責任」。1965年の「基本条約」では貫徹できず、「請求権協定」によっては解決できなかった課題である。大法院判決は、それが課題であるともう一度明確に宣言したものにほかならない。当然「1965年体制」では対応できない課題である。したがって、今まさに韓日関係の新しい法的枠組みを作らなければならない。

日本政府は植民地支配責任という課題そのものを否定し、「1965年体制」という古く擦り切れた網のかけらで何とか覆い隠そうとしている。日本政府の憲法改正の推進はその意味で韓半島からも注目される。「日本国憲法」第9条は日本がこれ以上侵略の歴史を

繰り返さないという誓いである。植民地支配責任を否定することはその誓いの真正性を深刻に疑わせることである。したがって、「日本国憲法」第9条の無力化は日本の新たな侵略の可能性を意味する。日本の「普通国家化」は、植民地支配責任の明確な認定と履行が前提されない限り、認められてはならないものである。

　ただし、植民地支配責任の追及は新しい現象である。植民地支配責任が初めて国際的なレベルで公式に取り上げられたのは、それが終息してから長い歳月が過ぎた2001年8月31から9月7日にかけて、南アフリカ共和国のダーバン(Durban)で開催された「人種主義、人種差別、外国人排斥及び関連する不寛容に反対する世界会議」に至ってのことであった[7]。しかし、過去の植民地支配国が依然国際秩序に重大な影響を及ぼしているにもかかわらず、植民地支配責任が全世界的な課題として「ついに」取り上げられるようになったという点で、それは確に「新しい流れ」の始まりであった。大法院判決は、まさにその植民地支配責任という課題を一歩進んで確認したものであり、韓国と日本の市民にその解決のために乗り出すよう促すものにほかならない。

　大法院判決は韓国と日本の市民がともにこれからどのような方向へ進むべきかを問うている。韓日両国の市民は、「かれら」と同じく植民地支配責任とその支配にともなう深刻な人権侵害被害者たちの権利救済を否定する方向へ進むのか、さもなければ互い

---

7) "World Conference Against Racism, Racial Discrimination, Xenophobia and Related Intolerance 31 August-7 September 2001, Durban"(https://www.un.org/en/conferences/racism/durban2001)参照。

に尊重する対等な関係の中でともに人権と平和を志向する方向へ進むのか？冷戦体制の崩壊後、新しい秩序へ進む過程において全世界が揺れ動いている中で、大法院判決は志向するべき未来は果たして何なのかという問いの前に「我々」を立たせた。これは「韓日間の問題」ではなく「韓日の問題」なのである。

　一方韓国でも、植民地支配責任を問題にした国がどこにあるのかと声をあげる者がいる。さらには植民地のときがよかったとか、植民地支配の恩恵を受けたとか、日本に問う責任が存在しないと強弁する者さえいる。彼らに問う。韓国人被害者たちが至難の死闘の結果確認した「植民地支配責任」の追及が全世界的な流れになっていく状況で、大韓民国が先頭に立って問うことが一体なぜ問題だというのか？植民地の傷痕は依然として深い。植民地人の思考方式が毎日のように、それも堂々と頭をもたげている。「植民地支配責任」は日本に対してのみではなく、韓国国内でも深刻に追及しなければならない課題なのである。

資料

[資料1]
「財産及び請求権に関する問題の解決並びに経済協力に関する日本国と大韓民国との間の協定」
(1965.6.22.署名、1965.12.18.発効)

　日本国及び大韓民国は、
　両国及びその国民の財産並びに両国及びその国民の間の請求権に関する問題を解決することを希望し、
　両国間の経済協力を増進することを希望して、
　次のとおり協定した。

第一条
1　日本国は、大韓民国に対し、
　(a)現在において千八十億円(一〇八、〇〇〇、〇〇〇、〇〇〇円)

に換算される三億合衆国ドル(三〇〇、〇〇〇、〇〇〇ドル)に等しい円の価値を有する日本国の生産物及び日本人の役務を、この協定の効力発生の日から十年の期間にわたつて無償で供与するものとする。各年における生産物及び役務の供与は、現在において百八億円(一〇、八〇〇、〇〇〇、〇〇〇円)に換算される三千万合衆国ドル(三〇、〇〇〇、〇〇〇ドル)に等しい円の額を限度とし、各年における供与がこの額に達しなかつたときは、その残額は、次年以降の供与額に加算されるものとする。ただし、各年の供与の限度額は、両締約国政府の合意により増額されることができる。

(b)現在において七百二十億円(七二、〇〇〇、〇〇〇、〇〇〇円)に換算される二億合衆国ドル(二〇〇、〇〇〇、〇〇〇ドル)に等しい円の額に達するまでの長期低利の貸付けで、大韓民国政府が要請し、かつ、3の規定に基づいて締結される取極に従つて決定される事業の実施に必要な日本国の生産物及び日本人の役務の大韓民国による調達に充てられるものをこの協定の効力発生の日から十年の期間にわたつて行なうものとする。この貸付けは、日本国の海外経済協力基金により行なわれるものとし、日本国政府は、同基金がこの貸付けを各年において均等に行ないうるために必要とする資金を確保することができるように、必要な措置を執るものとする。

前記の供与及び貸付けは、大韓民国の経済の発展に役立つものでなければならない。

2　両締約国政府は、この条の規定の実施に関する事項について

勧告を行なう権限を有する両政府間の協議機関として、両政府の代表者で構成される合同委員会を設置する。

3 両締約国政府は、この条の規定の実施のため、必要な取極を締結するものとする。

第二条

1 両締約国は、両締約国及びその国民（法人を含む。）の財産、権利及び利益並びに両締約国及びその国民の間の請求権に関する問題が、千九百五十一年九月八日にサン・フランシスコ市で署名された日本国との平和条約第四条（a）に規定されたものを含めて、完全かつ最終的に解決されたこととなることを確認する。

2 この条の規定は、次のもの（この協定の署名の日までにそれぞれの締約国が執つた特別の措置の対象となつたものを除く。）に影響を及ぼすものではない。

（a）一方の締約国の国民で千九百四十七年八月十五日からこの協定の署名の日までの間に他方の締約国に居住したことがあるものの財産、権利及び利益

（b）一方の締約国及びその国民の財産、権利及び利益であつて千九百四十五年八月十五日以後における通常の接触の過程において取得され又は他方の締約国の管轄の下にはいつたもの

3 2の規定に従うことを条件として、一方の締約国及びその国民の財産、権利及び利益であつてこの協定の署名の日に他方の締約国の管轄の下にあるものに対する措置並びに一方の締約国及びその国民の他方の締約国及びその国民に対するすべての請求権

であつて同日以前に生じた事由に基づくものに関しては、いかなる主張もすることができないものとする。

第三条

 １ この協定の解釈及び実施に関する両締約国の紛争は、まず、外交上の経路を通じて解決するものとする。

 ２ １の規定により解決することができなかつた紛争は、いずれか一方の締約国の政府が他方の締約国の政府から紛争の仲裁を要請する公文を受領した日から三十日の期間内に各締約国政府が任命する各一人の仲裁委員と、こうして選定された二人の仲裁委員が当該期間の後の三十日の期間内に合意する第三の仲裁委員又は当該期間内にその二人の仲裁委員が合意する第三国の政府が指名する第三の仲裁委員との三人の仲裁委員からなる仲裁委員会に決定のため付託するものとする。

 ただし、第三の仲裁委員は、両締約国のうちいずれかの国民であつてはならない。

 ３ いずれか一方の締約国の政府が当該期間内に仲裁委員を任命しなかつたとき、又は第三の仲裁委員若しくは第三国について当該期間内に合意されなかつたときは、仲裁委員会は、両締約国政府のそれぞれが三十日の期間内に選定する国の政府が指名する各一人の仲裁委員とそれらの政府が協議により決定する第三国の政府が指名する第三の仲裁委員をもつて構成されるものとする。

 ４ 両締約国政府は、この条の規定に基づく仲裁委員会の決定に服するものとする。

第四条

この協定は、批准されなければならない。批准書は、できる限りすみやかにソウルで交換されるものとする。この協定は、批准書の交換の日に効力を生ずる。

以上の証拠として、下名は、各自の政府からこのために正当な委任を受け、この協定に署名した。

千九百六十五年六月二十二日に東京で、ひとしく正文である日本語及び韓国語により本書二通を作成した。

　　　日本国のために
　　　　　　椎名悦三郎
　　　　　高杉晋一
　　　大韓民国のために
　　　　　　李　東　元
　　　　　　金　東　祚

[資料2]
大法院 2018.10.30. 宣告 2013다61381 全員合議体判決 (仮訳)（張界満、市場淳子、山本晴太による速報訳に 山本が訳語・形式の統一等を加えた）[1]

大 法 院

判 決

事 件　2013다61381 損害賠償(기)

原告、被上告人　亡訴外人の訴訟受継人原告1.外5名

　　　　　　　　原告2 外2名

　　　　　　　　訴訟代理人法務法人 ヘマル

　　　　　　　　担当弁護士 池氣龍・李在庸

被告、上告人　　新日鉄住金株式会社

　　　　　　　　訴訟代理人弁護士 チュ・ハンイル 外 2名

差戻し判決　大法院 2012. 5. 24. 宣告 2009다68620 判決

原審判決　ソウル高等法院 2013. 7. 10. 宣告 2012나44947 判決

判決宣告　2018. 10. 30.

主 文

上告を全て棄却する。

上告費用は被告が負担する。

---

1)　http://justice.skr.jp/index.html

理 由

上告理由(上告理由書の提出期間の経過後に提出された上告理由補充書等の書面の記載は上告理由を補充する範囲内で)を判断する。

1. 基本的事実関係

差戻し前後の各原審判決及び差戻し判決の理由と差戻し前後の原審が適法に採択した各証拠によれば次のような事実が認められる。

ア. 日本の韓半島侵奪と強制動員など

日本は1910年8月22日の韓日合併条約以後、朝鮮総督府を通じて韓半島を支配した。

日本は1931年に満州事変、1937年に日中戦争を引き起こして次第に戦時体制に入り、1941年には太平洋戦争まで引き起こした。日本は戦争の遂行により軍需物資生産のための労働力が不足するようになると、これを解決するために1938年4月1日「国家総動員法」を制定・公布し、1942年「朝鮮人内地移入斡旋要綱」を制定・実施して韓半島各地域で官斡旋を通じて労働力を募集し、1944年10月頃からは「国民徴用令」によって一般韓国人に対する徴用を実施した。太平洋戦争は1945年8月6日に日本の広島に原子爆弾が投下された後、同月15日、日本国王がアメリカをはじめ連合国に無条件降伏を宣言して終結した。

イ. 亡訴外人と原告2、原告3、原告4(以下「原告ら」という)の動員と強制労動被害及び帰国の経緯

(1) 原告らは1923年から1929年の間に韓半島で生まれ、平壌、保寧、群山などに居住した者らであり、日本製鉄株式会社(以下「旧日本製鉄」という)は1934年1月頃に設立され、日本の釜石、八幡、大阪などで製鉄所を運営した会社である。

(2) 1941年4月26日、基幹軍需事業体である旧日本製鉄をはじめとする日本の鉄鋼生産者らを総括指導する日本政府直属の機構として鉄鋼統制会が設立された。鉄鋼統制会は韓半島で労務者動員を積極的に拡充することにして、日本政府と協力して労務者を動員し、旧日本製鉄は社長が鉄鋼統制会の会長を歴任するなど鉄鋼統制会で主導的な役割をした。

(3) 旧日本製鉄は1943年頃、平壌で大阪製鉄所の工員募集広告を出したが、その広告には大阪製鉄所で2年間訓練を受ければ技術を習得することができ、訓練終了後には韓半島の製鉄所で技術者として就職することができると記載されていた。亡訴外人、原告2は、1943年9月頃、上記広告をみて技術を習得して我が国で就職することができるという点にひかれて応募し、旧日本製鉄の募集担当者と面接して合格し、上記担当者の引率下に旧日本製鉄大阪製鉄所に行き、訓練工として労役に従事した。

亡訴外人、原告2は、大阪製鉄所で1日8時間の3交代制で働き、ひと月に1、2回程度外出を許可され、ひと月に2、3円程度の小遣いだけ支給されたのみで、旧日本製鉄は賃金全額を支給すれば浪費する恐れがあるという理由をあげ、亡訴外人、原告2の同意を得

ないまま彼ら名義の口座に賃金の大部分を一方的に入金し、その貯金通帳と印鑑を寄宿舎の舎監に保管させた。亡訴外人、原告2は火炉に石炭を入れて砕いて混ぜたり、鉄パイプの中に入って石炭の残物をとり除くなど、火傷の危険があり技術習得とは何ら関係がない非常につらい労役に従事したが、提供される食事の量は非常に少なかった。また、警察官がしばしば立ち寄り、彼らに「逃げても直ぐに捕まえられる」と言い、寄宿舎でも監視する者がいたため、逃亡を考えることも難しく、原告2は逃げだしたいと言ったことが発覚し、寄宿舎の舎監から殴打され体罰を受けた。

そのような中で日本は1944年2月頃に訓練工たちを強制的に徴用し、それ以後亡訴外人、原告2に何らの対価も支給しなくなった。大阪製鉄所の工場は1945年3月頃にアメリカ合衆国軍隊の空襲で破壊され、この時訓練工らのうちの一部は死亡し、亡訴外人、原告2を含む他の訓練工らは1945年6月頃、咸鏡道清津に建設中の製鉄所に配置されて清津に移動した。亡訴外人、原告2は寄宿舎の舎監に日本で働いた賃金が入金された貯金通帳と印鑑を引き渡すよう要求したが、舎監は清津到着後も通帳と印鑑を返さず、清津で一日12時間もの間工場建設のための土木工事に従事しながら賃金は全く支給されなかった。亡訴外人、原告2は1945年8月頃、清津工場がソ連軍の攻撃により破壊されると、ソ連軍を避けてソウルに逃げ、ようやく日帝から解放された事実を知った。

(4) 原告3は1941年、大田市長の推薦を受け報国隊として動員され、旧日本製鉄の募集担当官の引率によって日本に渡り、旧日本製鉄の釜石製鉄所でコークスを溶鉱炉に入れ溶鉱炉から鉄が出

ればまた窯に入れるなどの労役に従事した。上記原告は、酷いほこりに苦しめられ、溶鉱炉から出る不純物によって倒れて腹部を負傷して3ヶ月間入院したこともあるが、賃金を貯金してやるという話を聞いただけで、賃金を全く支給されなかった。労役に従事している間、最初の6ヶ月間は外出が禁止され、日本憲兵たちが半月に一回ずつ来て人員を点検し、仕事に出ない者には「悪知恵が働くやつだ」と足蹴にしたりした。上記原告は1944年に徴兵され、軍事訓練を終えた後、日本の神戸にある部隊に配置されて米軍捕虜監視員として働いていたところ解放になり帰国した。

(5) 原告4は1943年1月頃、群山部(今の群山市)の指示を受けて募集され、旧日本製鉄の引率者に従って日本に渡り、日本製鉄の八幡製鉄所で各種原料と生産品を運送する線路の信号所に配置されて線路を切り替えるポイント操作と列車の脱線防止のためのポイントの汚染物除去などの労役に従事したが、逃走が発覚し、約7日間ひどく殴打され、食事も与えられなかった。上記原告は労役に従事する間、賃金を全く支給されず、一切の休暇や個人行動を許されず、日本の敗戦後、帰国せよという旧日本製鉄の指示を受けて故郷に帰って来ることになった。

ウ．サンフランシスコ条約締結など

太平洋戦争の終結後、米軍政当局は1945年12月6日に公布した軍政法令第33号により在韓日本財産をその国有・私有を問わず米軍政庁に帰属させ、これらの旧日本財産は大韓民国政府樹立直後の1948年9月20日に発効した「大韓民国政府及びアメリカ政府間

の財政及び財産に関する最初の取決め」によって大韓民国政府に移譲された。

アメリカなどを含む連合国48ヶ国と日本は、1951年9月8日に、戦後賠償問題を解決するためサンフランシスコで平和条約(以下「サンフランシスコ条約」という)を締結し、上記条約は1952.4.28.発効した。サンフランシスコ条約第4条(a)は日本の統治から離脱した地域の施政当局及びその国民と日本及びその国民の間の財産上の債権・債務関係は上記当局と日本の間の特別取極により処理するという内容を、第4条(b)は日本は上記地域で米軍政当局が日本及びその国民の財産を処分したことを有効と認めるという内容を定めた。

エ. 請求権協定締結の経緯と内容等

(1) 大韓民国政府と日本政府は1951年末頃から国交正常化と戦後補償問題を論議した。1952年2月15日に、第1次韓日会談本会議が開かれ関連論議が本格的に開始されたが、大韓民国は第1次韓日会談当時「韓・日間財産及び請求権協定要綱8項目」(以下「8項目」という)を提示した。8項目の中の第5項は「韓国法人または韓国自然人の日本銀行券、被徴用韓国人の未収金、補償金及びその他請求権の弁済請求」である。その後7回の本会議と、このための数十回の予備会談、政治会談及び各分科委員会別会議などを経て1965年6月22日に「大韓民国と日本国間の基本関係に関する条約」と、その付属協定である「大韓民国と日本国間の財産及び請求権に関する問題の解決と経済協力に関する協定」(条約第172号、以下「請求権協

定」という)などが締結された。

(2) 請求権協定は前文で「大韓民国と日本国は、両国及び両国国民の財産と両国及び両国国民間の請求権に関する問題を解決することを希望し、両国間の経済協力を増進することを希望して次のとおり合意した」と定めた。第1条で「日本国が大韓民国に10年間にわたって3億ドルを無償で提供し、2億ドルの借款を行うことにする」と定め、続いて第2条で次のとおり規定した。

1. 両締約国は、両締約国及びその国民(法人を含む)の財産、権利及び利益と両締約国及びその国民間の請求権に関する問題が1951年9月8日にサンフランシスコ市で署名された日本国との平和条約第4条(a)に規定されたことを含め、完全かつ最終的に解決されたことを確認する。

2. 本条の規定は次のこと(本協定の署名日までにそれぞれの締約国が取った特別措置の対象になったものを除く)に影響を及ぼすものではない。

(a) 一方の締約国の国民として1947年8月15日から本協定の署名日までの間に他方の締約国に居住した事がある者の財産、権利及び利益

(b) 一方の締約国及びその国民の財産、権利及び利益として1945年8月15日以後においての通常の接触の過程において取得され、または他方の締約国の管轄下に入ったもの

3. 2.の規定によることを条件に、一方の締約国及びその国民の財産、権利及び利益として本協定の署名日に他方の締約国の管轄下にあることに対する措置と、一方の締約国及びその国民の他方

の締約国及びその国民に対するすべての請求権として同日付以前に発生した事由に起因することに関しては、如何なる主張もできないことにする。

(3) 請求権協定の同日に締結され1965.12.18.発効した「大韓民国と日本国間の財産及び請求権に関する問題の解決と経済協力に関する協定に対する合意議事録（Ⅰ）」[条約第173号、以下「請求権協定に対する合意議事録（Ⅰ）」という]は、請求権協定第2条に関して次のとおり定めた。

(a)『財産、権利及び利益』とは法律上の根拠に基づいて財産的価値が認められる全ての種類の実体的権利をいうことで了解された。

(e) 同条3.によって取られる措置は同条1.でいう両国及びその国民の財産、権利及び利益と両国及びその国民間の請求権に関する問題を解決するために取られる各国の国内措置をいうことで意見の一致を見た。

(g) 同条1.でいう完全かつ最終的に解決されたことになる両国及びその国民の財産、権利及び利益と両国及びその国民間の請求権に関する問題には、韓日会談で韓国側から提出された『韓国の対日請求要綱』（いわゆる8項目）の範囲に属するすべての請求が含まれており、したがって同対日請求要綱に関しては如何なる主張もできなくなることを確認した。

オ．請求権協定締結による両国の措置

(1) 請求権協定は1965年8月14日に大韓民国国会で批准同意され、

1965年11月12日に日本衆議院、1965年12月11日に日本参議院で批准同意された後、まもなく両国で公布され、両国が1965年12月18日に批准書を交換することによって発効した。

(2) 大韓民国は、請求権協定によって支給される資金を使用するための基本的事項を定めるために1966年2月19日、「請求権資金の運用及び管理に関する法律」(以下「請求権資金法」という)を制定し、続いて補償対象になる対日民間請求権の正確な証拠と資料を収集するために必要な事項を規定するため、1971年1月19日に「対日民間請求権申告に関する法律」(以下「請求権申告法」という)を制定した。ところで、請求権申告法では強制動員関連被害者の請求権については「日本国によって軍人・軍属または労務者として召集または徴用され、1945年8月15日以前に死亡した者」のみに限定して申告対象とした。以後、大韓民国は請求権申告法によって国民から対日請求権申告を受け付け、現実に補償を執行するために1974年12年21日、「対日民間請求権補償に関する法律」(以下「請求権補償法」という)を制定し、1977年6月30日までに83519件に対して合計 91億 8769万3000ウォンの補償金(無償提供された請求権資金3億ドルの約 9.7％にあたる)を支給したが、そのうち被徴用死亡者に対する請求権補償金としては8552件に対して1人当り30万ウォンずつ合計25億6560万ウォンを支給した。

(3) 日本は1965年12月18日、「財産及び請求権に関する問題の解決と経済協力に関する日本国と大韓民国の間の協定第2条の実施による大韓民国などの財産権に対する措置に関する法律」(以下「財産権措置法」という)を制定した。その主な内容は、大韓民国ま

たはその国民の日本またはその国民に対する債権または担保権であって請求権協定第2条の財産、利益に該当するものを請求権協定日である1965年6月22日に消滅させるというものである。

カ. 大韓民国の追加措置

(1) 大韓民国は2004年3月5日、日帝強占下強制動員被害の真相を究明し歴史の真実を明らかにすることを目的に「日帝強占下強制動員被害真相究明などに関する特別法」(以下「真相究明法」という)を制定した。上記法律とその施行令により「日帝強占下強制動員被害」に対する調査が全面的に実施された。

(2) 大韓民国は、2005年1月頃、請求権協定と関連した一部文書を公開した。その後構成された「韓日会談文書公開後続対策関連民官共同委員会」(以下「民官共同委員会」という)では、2005年8月26日、「請求権協定は日本の植民支配賠償を請求するための協定ではなく、サンフランシスコ条約第4条に基づき韓日両国間の財政的・民事的債権・債務関係を解決するためのものであり、日本軍慰安婦問題等、日本政府と軍隊等の日本国家権力が関与した反人道的不法行為については請求権協定で解決されたものとみることはできず、日本政府の法的責任が残っており、サハリン同胞問題と原爆被害者問題も請求権協定の対象に含まれなかった」という趣旨の公式意見を表明したが、上記公式意見には下記の内容が含まれている。

○ 韓日交渉当時、韓国政府は日本政府が強制動員の法的賠償、補償を認めなかったことにより、「苦痛を受けた歴史的被害事実」

に基づき政治的補償を求め、このような要求が両国間無償資金算定に反映されたと見なければならない。

○ 請求権協定を通して日本から受領した無償3億ドルは、個人財産権(保険、預金等)、朝鮮総督府の対日債権等、韓国政府が国家として有する請求権、強制動員被害補償問題解決の性格の資金等が包括的に勘案されたと見なければならない。

○ 請求権協定は、請求権の各項目別金額決定ではなく政治交渉を通じて総額決定方式で妥結されたため、各項目別の受領金額を推定することは困難であるが、政府は受領した無償資金のうち相当金額を強制動員被害者の救済に使用すべき道義的責任があると判断される。

○しかし、75年の我が政府の補償当時、強制動員負傷者を保護対象から除外する等、道義的次元から見た時、被害者補償が不十分であったと見る側面がある。

(3) 大韓民国は2006年3月9日に請求権補償法に基づいた強制動員被害者に対する補償が不十分であることを認めて追加補償方針を明らかにした後、2007年12月10日「太平洋戦争戦後国外強制動員犠牲者等支援に関する法律」(以下「2007年犠牲者支援法」という)を制定した。上記法律とその施行令は、① 1938年4月1日から1945年8月15日の間に日帝によって軍人・軍務員・労務者などで国外に強制動員され、その期間中または国内への帰還過程で死亡または行方不明となった「強制動員犠牲者」には1人当り2,000万ウォンの慰労金を遺族に支給し、② 国外に強制動員されて負傷により障害を負った「強制動員犠牲者」には1人当り 2,000万ウォン

以下の範囲内で障害の程度を考慮して大統領令で定める金額を慰労金として支給し、③ 強制動員犠牲者のうち生存者または上記期間中に国外で強制動員されてから国内に帰還した者の中で強制動員犠牲者にあたらない「強制動員生還者」のうち生存者が治療や補助装具使用が必要な場合にその費用の一部として年間医療支援金80万ウォンを支給し、④ 上記期間中に国外に強制動員され労務提供などをした対価として日本国または日本企業などから支給されるはずであった給料の支払を受けられなかった「未収金被害者」またはその遺族に未収金被害者が支給を受けるはずであった未収金を当時の日本通貨1円を大韓民国通貨 2、000ウォンに換算した未収金支援金を支給するよう規定した。

(4) 一方、真相究明法と2007年犠牲者支援法の廃止に代えて2010年3月22日から制定・施行されている「対日抗争期強制動員被害調査及び国外強制動員犠牲者等支援に関する特別法」(以下「2010年犠牲者支援法」という)はサハリン地域強制動員被害者等を補償対象に追加して規定している。

2. 上告理由第1点に関して

差戻し後の原審は、その判示のような理由をあげ、亡訴外人、原告2が本件訴訟の前に日本において被告に対して訴訟を提起し、本件日本判決で敗訴し確定したとしても、本件日本判決が日本の韓半島と韓国人に対する植民支配が合法的であるという規範的認識を前提に日帝の「国家総動員法」と「国民徴用令」を韓半島と亡訴外人、原告2に適用することが有効であると評価した以上、このよ

うな判決理由が含まれる本件日本判決をそのまま承認するのは大韓民国の善良な風俗やその他の社会秩序に違反するものであり、したがって我が国で本件日本判決を承認してその効力を認めることはできないと判断した。

このような差戻し後の原審の判断は、差戻判決の趣旨にしたがうものであって、そこに上告理由が主張するような外国判決承認要件としての公序良俗違反に関する法理の誤解等の違法はない。

3. 上告理由第2点に関して

差戻し後の原審は、その判示のような理由を挙げ、原告らを労役に従事させた旧日本製鉄が日本国の法律の規定により解散され、その判示の「第2会社」が設立された後、吸収合併の過程を経て被告に変更されるなどの手続きを経たとしても、原告らは旧日本製鉄に対する本件請求権を被告に対しても行使することができると判断した。

このような差戻し後の原審の判断は差戻し判決の趣旨にしたがうものであり、そこに上告理由の主張のような外国判決承認要件としての公序良俗違反に関する法理の誤解等の違法はない。

4. 上告理由第3点に関して

ア．条約は前文・付属書を含む条約文の文脈および条約の対象と目的に照らして、その条約の文言に付与される通常の意味に従って誠実に解釈されなければならない。ここにおいて文脈とは条約文(前文および付属書を含む)の他に、条約の締結と関連して

当事国間に成立したその条約に関する合意などを含み、条約の文言の意味が曖昧模糊としている場合などには条約の交渉記録および締結時の事情などを補充的に考慮してその意味を明らかにしなければならない。

イ．このような法理に従って、前記の事実関係および採択された証拠により認めることが出来る下記の事情を総合すると、原告らが主張する被告に対する損害賠償請求権は、請求権協定の適用対象に含まれるとはいえない。その理由は以下のとおりである。

(1) まず、本件で問題となる原告らの損害賠償請求権は日本政府の韓半島に対する不法な植民支配および侵略戦争の遂行と直結した日本企業の反人道的な不法行為を前提とする強制動員被害者の日本企業に対する慰謝料請求権(以下「強制動員慰謝料請求権」という)であるという点を明確にしておかなければならない。原告らは被告に対して未払賃金や補償金を請求しているのではなく、上記のような慰謝料を請求しているのである。

これに関する差戻し後原審の下記のような事実認定と判断は、記録上これを十分に首肯することができる。即ち、① 日本政府は日中戦争や太平洋戦争など不法な侵略戦争の遂行過程において基幹軍需事業体である日本の製鉄所に必要な労働力を確保するために長期的な計画をたてて組織的に労働力を動員し、核心的な基幹軍需事業体の地位にあった旧日本製鉄は鉄鋼統制会に主導的に参加するなど日本政府の上記のような労働力動員政策に積極的に協力して労働力を拡充した。② 原告らは、当時韓半島と韓国民らが日本の不法で暴圧的な支配を受けていた状況において、その後日

本で従事することになる労働内容や環境についてよく理解できないまま日本政府と旧日本製鉄の上記のような組織的な欺罔により動員されたと見るのが妥当である。③ さらに、原告らは成年に至らない幼い年齢で家族と離別し、生命や身体に危害を受ける可能性が非常に高い劣悪な環境において危険な労働に従事し、具体的な賃金額も知らないまま強制的に貯金をさせられ、日本政府の苛酷な戦時総動員体制のもとで外出が制限され、常時監視され、脱出が不可能であり、脱出の試みが発覚した場合には苛酷な殴打を受けることもあった。④ このような旧日本製鉄の原告らに対する行為は、当時の日本政府の韓半島に対する不法な植民支配および侵略戦争の遂行と直結した反人道的な不法行為に該当し、このような不法行為によって原告らが精神的苦痛を受けたことは経験則上明白である。

(2) 前記の請求権協定の締結経過とその前後の事情、特に下記のような事情によれば、請求権協定は日本の不法な植民支配に対する賠償を請求するための協定ではなく、基本的にサンフランシスコ条約第4条に基づき、韓日両国間の財政的・民事的な債権・債務関係を政治的合意によって解決するためのものであったと考えられる。

① 前記のように戦後賠償問題を解決するために1951年9月8日に米国など連合国48ケ国と日本の間に締結されたサンフランシスコ条約第4条(a)は、「日本の統治から離脱した地域(大韓民国もこれに該当)の施政当局およびその国民と日本および日本の国民間の財産上の債権・債務関係は、これらの当局と日本間の特別取

極によって処理する」と規定している。

② サンフランシスコ条約締結後、ただちに第一次韓日会談(1952年2月15日から同年4月25日まで)が開かれたが、その際に韓国側が提示した8項目も基本的に韓日両国間の財政的・民事的債務関係に関するものであった。上記の8項目中第5項に「被徴用韓国人の未収金、補償金およびその他の請求権の返済請求」という文言があるが、8項目の他の部分のどこにも、日本植民支配の不法性を前提とする内容はないから、上記第5項の部分も日本側の不法行為を前提とするものではなかったと考えられる。従って、上記の「被徴用韓国人の未収金、補償金およびその他の請求権の返済請求」に強制動員慰謝料請求権まで含まれるとは言いがたい。

③ 1965年3月20日に大韓民国政府が発行した「韓日会談白書」(乙第18号証)によれば、サンフランシスコ条約第4条が韓日間の請求権問題の基礎となったことが明示され、さらに「上記第4条の対日請求権は戦勝国の賠償請求権と区別される。韓国はサンフランシスコ条約の調印当事国でないために、第14条の規定によって戦勝国が享有する『損害および苦痛』に対する賠償請求権を認められなかった。このような韓日間の請求権問題には賠償請求を含ませることはできない。」という説明までしている。

④ その後に実際に締結された請求権協定文やその付属書のどこにも、日本植民支配の不法性に言及する内容は全くない。請求権協定第2条1において「請求権に関する問題は、サンフランシスコ条約第4条(a)に規定されたものを含み、完全かつ最終的に解決されたもの」として、上記の第4条(a)に規定されたもの以外の請求

権も請求権協定の適用対象になりうると解釈される余地がないではない。しかし上記のとおり日本の植民支配の不法性に全く言及されていない以上、上記の第4条(a)の範疇を越えて、請求権、すなわち植民支配の不法性と直結する請求権までも上記の対象に含まれるとは言いがたい。請求権協定に対する合意議事録(I)2(g)も「完全かつ最終的に解決されるもの」に上記の8項目の範囲に属する請求が含まれていると規定しただけである。

⑤ 2005年、民官共同委員会も「請求権協定は基本的に日本の植民支配の賠償を請求するためのものではなく、サンフランシスコ条約第4条に基づき、韓日両国間の財政的・民事的債権・債務関係を解決するためのものである」と公式意見を明らかにした。

(3) 請求権協定第1条により日本政府が大韓民国政府に支払った経済協力資金が第2条による権利問題の解決と法的な代価関係があるとみることができるのかも明らかではない。

請求権協定第1条では「3億ドル無償提供、2億ドル借款(有償)の実行」を規定しているが、その具体的な名目については何の規定もない。借款の場合は日本の海外経済協力基金により行われることとし、上記の無償提供および借款が大韓民国の経済発展に有益なものでなければならないという制限を設けているのみである。請求権協定の前文において、「請求権問題の解決」に言及してはいるものの、上記の5億ドル(無償3億ドルと有償2億ドル)と具体的に結びつく内容はない。これは請求権協定に対する合意議事録(I)2. (g)で言及された「8項目」の場合も同様である。当時の日本側の立場も、請求権協定第1条の資金は基本的に経済協力の性格で

あるというものであったし、請求権協定第1条と第2条の間に法律的な相互関係が存在しないという立場であった。

2005年、民官共同委員会は請求権協定当時政府が受領した無償資金のうちの相当額を強制動員被害者の救済に使用しなければならない「道義的責任」があったとしたうえで、1975年の請求権補償法などによる補償は「道義的次元」から見る時、不充分であったと評価した。そして、その後に制定された2007年の犠牲者支援法および2010年の犠牲者支援法は強制動員関連被害者に対する慰労金や支援金の性格が「人道的次元」のものであることを明示した。

(4) 請求権協定の交渉過程で日本政府は植民支配の不法性を認めないまま、強制動員被害の法的賠償を徹底的に否認し、これに伴い韓日両国の政府は日帝の韓半島支配の性格に関して合意に至ることができなかった。このような状況で強制動員慰謝料請求権が請求権協定の適用対象に含まれたと見るのは、難しい。

請求権協定の一方の当事者である日本政府が不法行為の存在およびそれに対する賠償責任の存在を否認する状況で、被害者側である大韓民国政府が自ら強制動員慰謝料請求権までも含む請求権協定を締結したとは考えられないからである。

(5) 差戻し後の原審において、被告が追加で提出した証拠なども、強制動員慰謝料請求権が請求権協定の適用対象に含まれないという上記のような判断を左右するものであるとは考えられない。

上記の証拠によれば、1961年5月10日、第5次韓日会談予備会談の過程で大韓民国側が「他国民を強制的に動員することによって負わせた被徴用者の精神的、肉体的苦痛に対する補償」に言及し

た事実、1961年12月15日、第6次韓日会談予備会談の過程で大韓民国側が「8項目に対する補償として総額12億2000万ドルを要求し、そのうちの3億6400万ドル(約30％)を強制動員被害補償に対するものとして算定(生存者1人当り200ドル、死亡者1人当たり1650ドル、負傷者1人当り2000ドルを基準とする)した事実などを認める事ができる。

しかし、上記のような発言内容は大韓民国や日本の公式見解でなく、具体的な交渉過程における交渉担当者の発言に過ぎず、13年にわたった交渉過程において一貫して主張された内容でもない。「被徴用者の精神的、肉体的苦痛」に言及したのは、交渉で有利な地位を占めようという目的による発言に過ぎないと考えられる余地が大きく、実際に当時日本側の反発で第5次韓日会談の交渉は妥結されることもなかった。また、上記のとおり交渉過程で総額12億2000万ドルを要求したにもかかわらず、実際には請求権協定は3億ドル(無償)で妥結した。このように要求額にはるかに及ばない3億ドルのみを受けとった状況で、強制動員慰謝料請求権も請求権協定の適用対象に含まれていたものとはとうてい言いがたい。

ウ. 差戻し後の原審がこのような趣旨から強制動員慰謝料請求権は請求権協定の適用対象に含まれないと判断したのは正しい。その点において、上告理由の主張のように請求権協定の適用対象と効力に関する法理を誤解しているなどの違法はない。

一方、被告はこの部分の上告理由において、強制動員慰謝料請求権が請求権協定の適用対象に含まれるという前提の下に、請求

権協定で放棄された権利は国家の外交的保護権に限定されるものではなく、個人請求権自体が放棄(消滅)されたのだとの趣旨の主張もしているが、この部分は差戻し後の原審の仮定的判断に関するものであって、さらに検討するまでもなく受け入れることができない。

5. 上告理由第4点に関して

差し戻し後の原審は、1965年に韓日間の国交が正常化したが請求権協定関連文書がすべて公開されていなかった状況において、請求権協定により大韓民国国民の日本国または日本国民に対する個人請求権までも包括的に解決されたとする見解が大韓民国内で広く受け入れられてきた事情など、その判示のような理由を挙げて、本件の訴訟提起当時まで原告らが被告に対して大韓民国で客観的に権利を行使できない障害事由があったと見ることが相当であるため、被告が消滅時効の完成を主張して原告らに対する債務の履行を拒絶することは著しく不当であり、信義誠実の原則に反する権利の濫用として許容することはできないと判断した。

このような差戻し後の原審の判断もまた差戻判決の趣旨に従ったものであって、そこに上告理由の主張のような消滅時効に関する法理の誤解などの違法はない。

6. 上告理由第5点に関して

不法行為によって受けた精神的苦痛に対する慰謝料の金額については、事実審の裁判所が諸般の事情を参酌してその職権に属

する裁量によってこれを確定できる(大法院1999.4.23宣告 98다41377判決など参照)。

差戻し後の原審はその判示のような理由で原告らに対する慰謝料を判示金額に定めた。差戻し後の原審判決の理由を記録に照らし検討すれば、この部分の判断に上告理由の主張のような慰謝料の算定において著しく相当性を欠くなどの違法はない。

7. 結論

したがって、上告をすべて棄却し、上告費用は敗訴者が負担することとし、主文の通り判決する。この判決には上告理由第3点に関する判断について大法官李起宅の個別意見、大法官金昭英、大法官李東遠、大法官盧貞姫の個別意見が各々あり、大法官権純一、大法官趙載淵の反対意見がある他には、関係裁判官の意見は一致し、大法官金哉衡、大法官金善洙の多数意見に対する補充意見がある。

8. 上告理由第3点に関する判断に対する大法官李起宅の個別意見

ア. この部分の上告理由の要旨は、原告らが主張する被告に対する損害賠償請求権は請求権協定の適用対象に含まれ、請求権協定に含まれている請求権は国家の外交的保護権のみでなく個人請求権まで完全に消滅したものと見なければならないというものである。

この問題に関して、すでに差戻判決は、「原告らの損害賠償請求権は請求権協定の適用対象に含まれておらず、含まれるとしても

その個人請求権自体は請求権協定だけでは当然消滅せず、ただ請求権協定でその請求権に関する大韓民国の外交的保護権が放棄されただけである」と判示し、差戻し後の原審もこれにそのまま従った。

　上告審から事件を差戻された裁判所は、その事件を裁判するにあたり上告裁判所が破棄理由とした事実上および法律上の判断に拘束される。このような差戻判決の拘束力は再上告審にも及ぶのが原則である。従って、差戻判決の拘束力に反する上記のような上告理由の主張は受け入れられない。具体的に検討すれば次のとおりである。

　イ．裁判所組織法第8条は「上級裁判所の裁判における判断は該当事件に関して下級審を拘束する」と規定しており、民事訴訟法第436条第2項は「事件を差戻または移送された裁判所は再び弁論を経て裁判しなければならない。この場合には上告裁判所が破棄の理由とみなした事実上および法律上の判断に拘束される」と規定している。従って上告裁判所から事件を差戻された裁判所は、その事件を裁判するにあったて上告裁判所が破棄理由とした事実上および法律上の判断に拘束される。ただし差戻し後の審理過程で新しい主張や証明が提出されて羈束的判断の基礎となった事実関係に変動が生じた場合には、例外的に羈束力が及ばないこともある(大法院1988.3.8. 宣告87다카1396判決など参照)。

　本件で、仮に差戻し後の原審の審理過程で新しい主張や証明を通して、差戻判決のこの部分の判断の基礎になった事実関係に変動が生じたと評価しうるならば、羈束力が及ばないと言うことが

できる。

しかし、まず多数意見が適切に説示した通り、差戻し後の原審で被告で提出した証拠により認められる第5次および第6次韓日会談予備会談の過程での大韓民国側の発言内容のみでは、とうてい「原告らの損害賠償請求権は請求権協定の適用対象に含まれない」という差戻判決の覊束的判断の基礎になった事実関係に変動が生じたとは言いがたい。

また、差戻判決の仮定的判断、即ち「個人請求権自体は請求権協定だけでは当然消滅せず、ただ請求権協定でその請求権に関する大韓民国の外交的保護権が放棄されたのみである」という部分も、同じようにその判断の基礎になった事実関係に変動が生じたとは言いがたい。これについて差戻し後の原審で新たに提出された証拠は、主に請求権協定の解釈についての各自の見解を明らかにしたものに過ぎず、「事実関係」の変動と評価することも困難である。

ウ. 差戻判決の拘束力は差し戻し後の原審だけでなく再上告審にも及ぶのが原則である(大法院1995.8.22宣告94다43078判決など参照)。

ただし、大法院2001.3.15宣告98두15597の全員合議体の判決は「大法院は法令の正当な解釈適用とその統一を主たる任務とする最高法院であり、大法院の全員合議体は従前に大法院で判示した法令の解釈適用に関する意見を自ら変更することができるものであるところ(裁判所組織法第7条第1項第3号)、差戻判決が破棄理由とした法律上の判断もここに言う「大法院で判示した法令の解釈適用に関する意見」に含まれるものであるから、大法院の全員

合議体が従前の差戻判決の法律上の判断を変更する必要があると認める場合には、それに羈束されることなく通常の法令の解釈適用に関する意見の変更手続により、これを変更できると言うべきである」として、差戻判決の羈束力が再上告審の全員合議体には及ばないという趣旨により判示したことがある。

しかし、上記の98두15597全員合議体判決の意味を「全員合議体で判断する以上、常に差戻判決の羈束力から解放される」との趣旨に理解してはならない。「差戻判決に明白な法理の誤解があり、必ずこれを是正しなければならない状況であったり、差戻判決が全員合議体を経ないまま従前の大法院判決がとった見解と相反する立場をとったりした場合のような例外的な場合に限り羈束力が及ばない」との意味に解釈しなければならない。このように解さない場合、法律で差戻判決の羈束力を認めた趣旨が没却される恐れがあるからである。実際に、上記の98두15597の全員合議体判決の事案自体も、差戻判決に明白な法理誤解の誤りがあったのみならず、差戻判決が全員合議体を経もしないまま、既存の大法院判決に抵触する判断をした場合であった。

このような法理に従い、本件に立ち戻って検討するなら、請求権協定の効力について差戻判決が説示した法理に明白な誤謬があるとか、従前の大法院判決に反する内容があるとは言えない。従って本件を全員合議体で判断するとしても、安易に差戻判決が説示した法理を再審査したり覆したりすることができると言うことはできない。

エ．結局どの角度から見ても、この部分の上告理由の主張は差戻

判決の覊束力に反するものであって受け入れられない。

一方、前記上告理由第1、2、4点に関する判断の部分において、「差戻し後の原審の判断は差戻判決の趣旨に従うものであって、上告理由の主張のような違法はない」と判示したのは、上記のような差戻判決の覊束力に関する法理に従うものと考えられるので、この部分の判断については多数意見と見解を異にしないという点を付け加えておきたい。

以上の通りの理由で、上告を棄却するべきであるという結論においては多数意見と意見を同じくするが、上告理由第3点に関しては多数意見とその具体的な理由を異にするため、個別意見としてこれを明らかにしておく。

9. 上告理由第3点に関する判断についての大法官金昭英、大法官李東遠、大法官盧貞姫の個別意見

ア．請求権協定にもかかわらず原告が被告に対して強制動員被害に対する慰謝料請求権を行使することができるという点については多数意見と結論を同じくする。ただしその具体的な理由は多数意見と見解を異にする。

多数意見は、「原告らが主張する被告に対する損害賠償請求権は、請求権協定の適用の対象に含まれるとはいえない」との立場をとっている。しかし請求権協定の解釈上、原告の損害賠償請求権は請求権協定の対象に含まれるというべきである。ただし原告ら個人の請求権自体は請求権協定により当然に消滅するということはできず、請求権協定によりその請求権に関する大韓民国の

外交的保護権のみが放棄されに過ぎない。したがって原告らは依然として大韓民国において被告に対して訴訟により権利を行使することができる。

このように解すべき具体的な理由は次の通りである。

イ．まず条約の解釈方法について多数意見が明らかにした法理については見解を異にしない。これらの法理に基づき、差戻し後の原審で初めて提出された各証拠(乙第16ないし18、37ないし39、40ないし47、50、52、53、55号証)も含めて原審が適法に採用・調査した各証拠によって明らかになった事実関係を検討すると、多数意見とは異なり原告らの被告に対する損害賠償請求権は請求権協定の対象に含まれると見ることが妥当である。

(1) 差戻し後の原審で提出された各証拠をはじめとする採用証拠によって明らかになった請求権協定の具体的な締結過程は次の通りである。

(ア) 前記のように1952年2月15日に開催された第1回韓日会談当時、大韓民国は8項目を提示したが、その後日本の逆請求権の主張、独島と平和線問題(訳注　日本で言う『李承晩ライン問題』)についての意見の対立、両国の政治的状況などにより第4回韓日会談では8項目についての議論が適切に行われなかった。

(イ) 第5回韓日会談から8項目の実質的な討議が行われ、第5回韓日会談では以下のような議論があった。

① 1961年5月10日の、第5回韓日会談予備会談一般請求権小委員会第13回会議で大韓民国側8項目のうち、上記第5項(韓国法人または韓国自然人の日本銀行券、被徴用韓国人の未収金、補償金およ

びその他の請求権の弁済請求)と関連して、「強制徴用で被害を受けた個人に対する補償」を日本側に要求した。具体的には「生存者、負傷者、死者、行方不明者及び兵士・軍属を含む被徴用者全般に対して補償を要求するもの」であるとして、「これは他国の国民を強制的に動員することにより被った被徴用者の精神的肉体的苦痛に対する補償を意味する」という趣旨であると説明した。これに対し日本側が個人の被害に対する補償を要求するものか、大韓民国として韓国人被害者の具体的な調査をする用意があるか等について質問すると、大韓民国側は「国として請求するものであり、被害者個人に対する補償は国内で措置する性質のもの」との立場を表明した。

② 日本側は大韓民国側の上記のような個人の被害補償の要求に反発し、具体的な徴用・徴兵の人数や証拠資料を要求したり、両国国交の回復後に個別的に解決する方法を提示するなど、大韓民国側の要求にそのまま応じることができないという立場を表明した。

③ 第5回韓日会談の請求権委員会では、1961年5月16日の、軍事政変によって協議が中断されるまで8項目の第1項から第5項までについて討議が行われたが、根本的な認識の差異を確認するにとどまり、実質的な妥協を行うことはできなかった。

(ウ) 第6次韓日会談が1961年10月20日に開始された後は、請求権の細部についての議論は時間を浪費するばかりで解決が遅れるとの判断から政治的な側面の妥協が探られ、下記のような交渉過程を経て第7次韓日会談中の1965年6月22日、ようやく請求権協定

が締結された。

① 1961年12月15日の第6回韓日会談予備会談一般請求権小委員会第7回会議で大韓民国側は日本側に8項目に対する補償として合計12億2000万ドルを要求し、強制動員に対する被害補償は生存者1人当たり200ドル、死亡者1人当たり1650ドル、負傷者1人当たり2000ドルを基準として計算した3億6400万ドル(約30%)であると算定した。

② 1962年3月頃の外相会談では、大韓民国側の支払要求額と日本側の支払準備額を非公式に提示することにしたが、その結果大韓民国側の支払い要求額である純弁済7億ドルと、日本側の支払準備額である純弁済7000万ドル及び借款2億ドルの間に顕著な差があることが確認された。

③ このような状況において日本側は、初めから請求権に対する純弁済とすると法律関係と事実関係を厳格に解明しなければならないだけでなく、その金額も少額となり大韓民国が受諾できなくなるであろうから、有償と無償の経済協力の形式をとり、金額を相当程度引き上げ、その代わり請求権を放棄することにしようと提案した。これに対して大韓民国側は請求権に対する純弁済を受けるべきであるという立場であるが問題を大局的見地から解決するために請求権解決の枠内で純弁済と無相照支払の2つの名目で解決することを主張し、その後再び譲歩して請求権解決の枠の中で純弁済と無相照支払の2つの名目とするが、その金額をそれぞれ区分して表示せず、総額だけを表示する方法で解決することを提案した。

④ その後、当時の金鍾泌中央情報部長は日本で池田首相と1回、大平日本外相と2回にわたって会談し、大平外相との1962年11月12日の第2回会談時に請求権問題の金額、支払細目及び条件等について両国政府に提案する妥結案に関する原則的な合意をした。その後の具体的調整過程を経て、第7回韓日会談が進行中であった1965年4月3日、当時外務部長官であった李東元と日本の外務大臣であった椎名悦三郎の間に「韓日間の請求権問題の解決及び経済協力に関する合意」が成立した。

(2) 前記のように、請求権協定の前文は「日本国及び大韓民国は、両国及びその国民の財産並びに両国及びその国民の間の請求権(以下「請求権協定上の請求権」という)に関する問題を解決することを希望し、両国間の経済協力を増進することを希望して、次のとおり協定した。」と述べ、第2条1は「両締約国は、両締約国及びその国民(法人を含む。)の財産、権利及び利益並びに両締約国及びその国民の間の請求権に関する問題が、1951年9月8日にサンフランシスコ市で署名された日本国との平和条約第4条(a)に規定されたものを含めて、完全かつ最終的に解決されたこととなることを確認する。」と定めた。

また、請求権協定と同日に締結され請求権協定の合意議事録(I)は、上記第2条について「同条1.でいう完全かつ最終的に解決されたことになる両国及びその国民の財産、権利及び利益と両国及びその国民間の請求権に関する問題には、韓日会談で韓国側から提出された『韓国の対日請求要綱』(いわゆる8項目)の範囲に属するすべての請求が含まれており、したがって同対日請求要綱に関し

ては如何なる主張もできなくなることを確認した。」と定めたが、8項目の第5項には、「被徴用韓国人の未収金、補償金およびその他の請求権(以下「被徴用請求権」という)の弁済請求」が含まれている。

　このような請求権協定などの文言によれば、大韓民国と日本の両国は国家と国家の間の請求権についてだけでなく、一方の国民の相手国とその国民に対する請求権も協定の対象としたことが明らかであり、請求権協定の合意議事録(I)は請求権協定上の請求権の対象に被徴用請求権も含まれることを明らかにしている。

　(3)　請求権協定自体の文言は、第1条に従って日本が大韓民国に支給することにした経済協力資金が第2条による権利問題の解決に対する対価であるのか否かについて明確には規定していない。

　しかし、前記のように、①大韓民国は1961年5月10日の.第5回韓日会談予備会談一般請求権小委員会第13回会議において被徴用請求権について「生存者、負傷者、死亡者、行方不明者及び兵士・軍属を含む被徴用者全般に対する補償」を要求し、他国の国民を強制的に動員することにより被った被徴用者の精神的肉体的苦痛に対する補償」までも積極的に要請しただけでなく、1961年12月15日の第6回韓日会談予備会談一般請求権小委員会第7回会議で強制動員被害補償金を具体的に3億6400万ドルと算定し、これを含めて8項目の合計補償金12億2000万ドルを要求し、②第5回韓日会談当時、大韓民国が、上記要求額は国家として請求するものであり被害者個人に対する補償は国内で措置するものであると主張したが、日本は具体的な徴用・徴兵の人数や証拠資料を要求して交渉が難航し、③これに対して日本は証明の困難などを理由に有償

と無償の経済協力の形式をとり、金額を相当程度引き上げ、その代わりに請求権を放棄する方式を提案し、大韓民国が純弁済及び無相照の2つの名目で金員を受領するが具体的な金額は項目別に区分せず総額のみを表示する方法を再提案することによって、④以降の具体的な調整過程を経て1965年6月22日、第1条では経済協力資金の支援について定め、第2条では権利関係の解決について定める請求権協定が締結された。

　これらの請求権協定の締結に至るまでの経緯等に照らしてみると、請求権協定上の請求権の対象に含まれる被徴用請求権は、強制動員被害者の損害賠償請求権まで含んだものであり、請求権協定第1条で定めた経済協力資金は実質的にこれらの損害賠償請求権まで含めた第2条で定めた権利関係の解決に対する対価ないし補償としての性質をその中に含んでいるように見え、両国も請求権協定締結当時そのように認識したと見るのが妥当である。

　(4) 8項目のうち第5項は被徴用請求権について「補償金」という用語を使用し、「賠償金」という用語は使用していない。しかしその「補償」が「植民支配の合法性を前提とする補償」のみを意味するとは言いがたい。上記のように交渉の過程で双方が示した態度だけを見ても、両国政府が厳密な意味での「補償」と「賠償」を区分していたとは思えない。むしろ両国は「植民支配の不法性を前提とした賠償」も当然請求権協定の対象に含めることを相互認識していたと思われる。

　(5) それだけでなく、大韓民国は請求権協定によって支給される資金使用の基本的事項を定めるために請求権資金法及び請求権

申告法などを制定・施行し、日本によって労務者として徴用され1945年8月15日、以前に死亡した者の請求権を請求協定に基づいて補償する民間請求権に含め、その被徴用死亡者の申告及び補償手続を完了した。これは強制動員被害者の損害賠償請求権が請求権協定の適用対象に含まれていることを前提としたものと思われる。

そして請求権協定に関するいくつかの文書が公開された後に構成された民官共同委員会も2005年8月26日、請求権協定の法的効力について公式意見を表明したが、日本国慰安婦問題など日本政府と軍隊などの日本国家権力が関与した反人道的不法行為については請求権協定によって解決されたと言うことはできないとしながらも、強制動員被害者の損害賠償請求権については「請求権協定を通じて日本から受けた無償3億ドルに強制動員被害補償問題を解決するための資金などが包括的に勘案された」とした。

さらに大韓民国は2007年12月10日の請求資金法等により行われた強制動員被者に対する補償が不十分であったという反省的な考慮から2007年の犠牲者支援法を制定・施行し、1938年4月1日から1945年8月15日までの間に日帝によって労務者などとして国外に強制動員された犠牲者・負傷者・生還者等に対し慰労金を支給し、強制的に動員されて労務を提供したが日本企業などから支給されなかった未収金を大韓民国の通貨に換算して支給した。

このように大韓民国は請求権協定に強制動員被害者の損害賠償請求権が含まれていることを前提として、それ従って請求権協定締結以来長期にわたって補償などの後続措置をとってきたことが認められる。

(6) 以上の内容、すなわち請求権協定及びそれに関する了解文書などの文言、請求権協定の締結経緯や締結当時の推定される当事者の意思、請求権協定の締結に従った後続措置などの各事情を総合すると、強制動員被害者の損害賠償請求権は請求権協定の適用対象に含まれると見るのが妥当である。

それにも関わらず、これと異なり原告らの被告に対する損害賠償請求権が請求権協定の適用対象に含まれていたとは言いがたいとする本件差戻し後の原審のこの部分の判断には条約の解釈に関する法理などを誤解した誤りがある。

ウ. しかし、上記のような誤りにもかかわらず、「原告らの個人請求権自体は請求権協定のみによって当然に消滅すると見ることができず、ただ請求権協定によりその請求権に関する大韓民国の外交的保護権が放棄されることにより、日本の国内措置で当該請求権が日本国内で消滅しても大韓民国がこれを外交的に保護する手段を失うことになるだけである」という差戻し後の原審の仮定的判断は下記の理由から首肯することができる。

(1) 請求権協定には、個人請求権消滅について、韓日両国政府の意思合致があったと認めるだけの十分かつ明確な根拠がない。

過去に主権国家が外国と交渉をして自国の国民の財産や利益に関する事項を一括的に解決する、いわゆる一括処理協定(lump sum agreements)が国際紛争の解決・予防のための方式の一つとして採用されてきたとも見ることができる。ところが、このような協定を通じて国家が「外交的保護権(diplomatic protection)」、すなわち「自国民が外国で違法・不当な取り扱いを受けた場合、そ

の国籍国が外交手続などを通じて外国政府に対して自国民の適切な保護や救済を求めることができる国際法上の権利」を放棄するだけでなく、個人の請求権までも完全に消滅させることができるというためには、少なくとも該当条約にこれに関する明確な根拠が必要であると言わねばならない。国家と個人が別個の法的主体であるという近代法の原理は国際法上も受け入れられているが、権利の「放棄」を認めようとするならその権利者の意思を厳格に解釈しなければならないという法律行為の解釈の一般原則によれば、個人の権利を国家が代わりに放棄する場合には、これをより厳しく解さなければならないからである。ところが請求権協定はその文言上、個人請求権自体の放棄や消滅については何の規定も置いていない。この点で連合国と日本の間で1951年9月8日に締結されたサンフランシスコ条約第14条(b)で、「連合国は、すべての請求、連合国とその国民の賠償請求及び軍の占領費用に関する請求をすべて放棄する」と定めて、明示的に請求権の放棄(waive)という表現を使用したことと区別される。もちろん請求権に関する問題が「完全かつ最終的に解決されたことになる」との表現が用いられはしたが、上記のような厳格解釈の必要に照らし、これを個人請求権の「放棄」や「消滅」と同じ意味とは解しがたい。

　前述の証拠によれば、請求権協定締結のための交渉過程で日本は請求権協定に基づいて提供される資金と請求権との間の法律的対価関係を一貫して否定し、請求権協定を通じて個人請求権が消滅するのではなく国の外交的保護権のみが消滅するという立場を堅持した。これに対し大韓民国と日本の両国は請求権協定締結

当時、今後提供される資金の性格について合意に至らないまま請求権協定を締結したとみられる。したがって請求権協定で使用された「解決されたことになる」とか、主体などを明らかしないまま「いかなる主張もできないものとする」などの文言は意図的に使用されたものといわねばならず、これを個人請求権の放棄や消滅、権利行使の制限が含まれたものと安易に判断してはならない。

このような事情等に照らすと、請求権協定での両国政府の意思は、個人請求権は放棄されないことを前提に政府間だけで請求権問題が解決されたことにしようというもの、すなわち外交的保護権に限定して放棄しようというものであったと見るのが妥当である。

(2) 前述のように、日本は請求権協定の直後、日本国内で大韓民国国民の日本国及びその国民に対する権利を消滅させる内容の財産権措置法を制定・施行した。こうした措置は、請求権協定だけでは大韓民国国民個人の請求権が消滅していないことを前提とするとき、初めて理解することができる。すなわち前記のように、請求権協定当時、日本は請求権協定を通じて個人請求権が消滅するのではなく国の外交的保護権のみが放棄されると見る立場であったことが明らかあり、協定の相手方である大韓民国もこのような事情を熟知していたと思われる。したがって両国の真の意思もやはり外交的保護権のみ放棄されることで一致していた見ることが合理的である。

大韓民国が1965年7月5日に発行した「日本国と大韓民国との間の条約と協定解説」には、請求権協定第2条について「財産及び請

求権の問題の解決に関する条項により消滅する当方の財産及び請求権の内容を見ると、我々が最初に提示した8項目の対日請求要綱で要求したものはすべて消滅することになり、従って被徴用者の未収金及び補償金、韓国人の対日本政府及び日本国民に対する各種請求などがすべて完全にそして最終的に消滅することになる。」とされている。これによると当時の大韓民国の立場が個人請求権も消滅するというものであったと見る余地もないとは言えない。しかし、上記のように当時の日本の立場が「外交的保護権限定放棄」であることが明白であった状況において大韓民国の内心の意思が上記のようなものであったとしても、請求権協定で個人請求権まで放棄されることについて意思の合致があったと見ることはできない。さらに後の大韓民国で請求権資金法などの補償立法を通じて強制動員被害者に対して行われた補償内容が実際の被害に比べて極めて微々たるものであった点に照らしてみても、大韓民国の意思が請求権協定を通じて個人請求権も完全に放棄させるというものであったと断定することも困難である。

(3) 一括処理協定の効力と解釈と関連して国際司法裁判所(ICJ)が2012年2月3日に宣告したドイツのイタリアの主権免除事件(Jurisdictional Immunities of the State、Germany v. Italy：Greece intervening)が国際法的観点から議論されている。しかしながら、他の多くの争点はともかくとしても、1961年6月2日にイタリアと西ドイツの間で締結された「特定財産に関連する経済的・財政的な問題の解決に関する協定(Treaty on the Settlement of certain property-related、economic and financial questions)」及

び「ナチスの迫害を受けたイタリアの国民に対する補償に関する協定(Agreement on Compensation for Italian Nationals Subjected to National-Socialist Measures of Persecution)」が締結された経緯、その内容や文言が請求権協定のそれと同じではないので、請求権協定をイタリアと西ドイツの間の上記条約と単純比較することは妥当ではない。

エ. 結局、原告らの被告に対する損害賠償請求権が請求権協定の対象に含まれていないとする多数意見の立場には同意することができないが、請求権協定にもかかわらず原告らが被告に対して強制動員被害に関する損害賠償請求権を行使することができるとする差戻し後の原審の結論は妥当である。そこにはこの部分の上告理由の主張に言うような請求権協定の効力、大韓民国国民の日本国民に対する個人請求権の行使の可能性に関する法理などを誤解した誤りはない。

10. 大法官權純一、大法官趙載淵の反対意見

ア. 大法官金昭英、大法官李東遠、大法官盧貞姫の個別意見(以下「個別意見2」という)が上告理由3について、請求権協定の解釈上原告らの損害賠償請求権が請求権協定の対象に含まれるという立場をとったことについては見解を同じくする。

しかし、個別意見2が請求権協定では大韓民国の外交的保護権のみが放棄されたとして、原告らが大韓民国において被告に対して訴訟によって権利を行使することができると判断したことには同意できない。その理由は次の通りである。

イ．請求権協定第2条1は、「… 両締約国及びその国民の間の請求権に関する問題が … 完全かつ最終的に解決されたことになることを確認する。」と規定している。ここにいう「完全かつ最終的に解決されたことになる」という文言の意味が何なのか、すなわち請求権協定によって両締約国がその国民の個人請求権に関する外交保護権だけを放棄したことを意味するのか、またはその請求権自体が消滅するという意味なのか、それとも両締約国の国民がもはや訴訟によって請求権を行使することができないことを意味するのかは、基本的に請求権協定の解釈に関する問題である。

(1) 憲法により締結・公布された条約と一般的に承認された国際法規は、国内法と同等の効力を有する(憲法第6条第1項)。そして具体的な事件において当該法律又は法律条項の意味・内容と適用範囲を定める権限、すなわち法令の解釈・適用権限は司法権の本質的内容をなすものであり、これは大法院を最高法院とする裁判所に専属する(大法院2009年2月12日宣告2004두10289判決参照)。

請求権協定は、1965年8月14日に大韓民国国会で批准同意され、1965年12月18日に条約第172号として公布されたので、国内法と同じ効力を有する。したがって、請求権協定の意味・内容と適用範囲は、法令を最終的に解釈する権限を有する最高法院である大法院によって最終的に定める他はない。

(2) 条約の解釈は、1969年に締結された「条約法に関するウィーン条約(Vienna Convention on the Law of Treaties、以下「ウィーン条約」という)」を基準とする。ウィーン条約は大韓民国に対しては1980年1月27日、日本に対しては1981年8月1日に各々発効し

たものであるが、その発効前に既に形成されていた国際慣習法を規定したものであるから、請求権協定を解釈する際にウィーン条約を適用しても時制法の問題はない。

ウィーン条約第31条(解釈の一般規則)によれば、条約は前文及び附属書を含む条約文の文脈及び条約の対象と目的に照らしてその条約の文言に付与される通常の意味に従って誠実に解釈しなければならない。ここにいう条約の解釈上の文脈とは、条約文の他に条約の締結に関して締約国間で行われたその条約に関する合意などを含む。そしてウィーン条約第32条(解釈の補充的手段)によれば、第31条の適用から導かれる意味を確認するため、又は第31条の規定により解釈すると意味が曖昧模糊となる場合、明らかに不合理または不当な結果をもたらす場合には、その意味を決定するために条約の準備作業または条約締結時の事情を含む解釈の補充的手段に依存することができる。

(3) 請求権協定の前文は、「両国及びその国民の財産並びに両国及びその国民の間の請求権に関する問題を解決することを希望し」と述べ、第2条1は「両締約国は、両締約国及びその国民(法人を含む。)の財産、権利及び利益並びに両締約国及びその国民の間の請求権に関する問題が … 平和条約第4条(a)に規定されたものを含めて、完全かつ最終的に解決されたこととなることを確認する。」と規定しており、第2条3は、「… 一方の締約国及びその国民の他方の締約国及びその国民に対するすべての請求権であって … いかなる主張もすることができないものとする。」と規定した。また、請求権協定の合意議事録(I)は請求権協定第2条について

「同条1にいう完全かつ最終的に解決されたこととなる両国及びその国民の財産、権利及び利益並びに両国及びその国民の間の請求権に関する問題には、日韓会談において韓国側から提出された「韓国の対日請求要綱」(いわゆる8項目)の範囲に属するすべての請求が含まれており、したがつて、同対日請求要綱に関しては、いかなる主張もなしえないこととなることが確認された。」と規定し、対日請求要綱8項目の中には「被徴用韓国人の未収金、補償金およびその他の請求権の弁済請求」が含まれている。

　上記のような請求権協定第2条、請求権協定の合意議事録(I)などの文言、文脈及び請求権協定の対象と目的等に照らし、請求権協定第2条をその文言に付与される通常の意味に従って解釈すれば、第2条1で「完全かつ最終的に解決されたもの」は、大韓民国及び大韓民国国民の日本および日本国民に対するすべての請求権と日本及び日本国民の大韓民国及び大韓民国国民に対するすべての請求権に関する問題であることは明らかであり、第2条3にすべての請求権について「いかなる主張もできないものとする」と規定している以上、「完全かつ最終的に解決されたことになる」という文言の意味は、両締約国はもちろん、その国民ももはや請求権を行使することができなくなったという意味であると解さなければならない。

　(4) 国際法上国家の外交的保護権(diplomatic protection)とは、外国で自国民が違法・不当な扱いを受けたが、現地の機関を通じた適切な権利救済が行われない場合に、最終的にその国籍国が外交手続や国際司法手続を通じて外国政府に対して自国民に対する

適切な保護や救済を求めることができる権利である。外交的保護権の行使主体は被害者個人ではなくその国籍国であり、外交的保護権は国家間の権利義務に関する問題に過ぎず国民の個人の請求権の有無に直接影響を及ぼすことはない。

ところが前述のように請求権協定第2条は大韓民国の国民と日本の国民の相手方の国とその国民に対する請求権まで対象としていることが明らかであるから、請求権協定を国民個人の請求権とは関係なく両締約国が相互に外交的保護権を放棄するだけの内容の条約であるとは解しがたい。また、請求権協定第2条1に規定する「完全かつ最終的に解決される」という文言は請求権に関する問題が締約国間ではもちろんその国民の間でも完全かつ最終的に解決されたという意味に解釈するのがその文言の通常の意味に合致し、単に締約国の間で相互に外交的保護権を行使しないことにするという意味に読むことはできない。

(5) 日本は請求権協定締結後、請求権協定で両締約国の国民の個人請求権が消滅するのではなく両締約国が外交的保護権のみを放棄したものであるという立場をとってきた。これは日本政府が自国の国民に対する補償義務を回避するために「在韓請求権について外交的保護権を放棄した」という立場をとったことから始まったものである。しかし下記のように大韓民国は最初から対日請求要綱8項目を提示し、強制徴用被害者に対する補償を要求し、請求権資金の分配は全的に国内法上の問題であるという立場をとり、このような立場は請求権協定締結当時まで維持された。

前述の事実関係及び記録によれば次のような事実を知ること

ができる。つまり、①大韓民国側は1952年2月15日の, 第1次韓日会談から8項目を日本側に提示し、1961年5月10日の第5回日韓会談予備会談の一般請求権小委員会第13回会議で、8項目のうち第5項について「強制徴用により被害を受けた個人に対する補償」を日本側に要求し、個人の被害に対する補償を要求するのかという日本側の質問に対し「国として請求するものであり、被害者個人に対する補償は国内で措置する性質のもの」という立場を表明した。②1961年12月15日の第6回日韓会談予備会談一般請求権小委員会の第7回会議で大韓民国側は日本側に8項目の補償として合計12億2000万ドルを要求し、その中で強制動員に対する被害補償金を3億6400万ドルと算定して提示した。③請求権協定締結直後の1965年7月5日に大韓民国政府が発行した「大韓民国と日本国との間の条約及び協定解説」には、「財産及び請求権問題の解決に関する条項により消滅する当方の財産及び請求権の内容を見ると、当方が最初に提示したところの8項目の対日請求要綱で要求したものはすべて消滅するところであり、したがって … 被徴用者の未収金及び補償金, … 韓国人の対日本政府及び日本国民に対する各種請求などがすべて完全かつ最終的に消滅することになるものである。」と記載されている。④1965年8月、張基榮経済企画院長官は、請求権協定第1条の無償3億ドルは実質的に被害国民に対する賠償的な性格を持ったものであるという趣旨の発言をした。⑤請求権協定締結後、大韓民国は請求権資金法、請求権申告法、請求権補償法、2007年および2010年の犠牲者支援法などを制定して強制徴用被害者に対する補償金を支給した。2010年の犠牲者支援

法に基づいて設置された「対日抗争期強制動員被害調査及び国外強制動員犠牲者など支援委員会」の決定(前身である「太平洋戦争前後の国外強制動員犠牲者支援委員会」の決定を含む)を通じて2016年9月頃まで支給された慰労金等の内訳を見ると、死亡。行方不明慰労金3601億ウォン、負傷障害慰労金1022億ウォン、未収金の支援金522億ウォン、医療支援令1人当たり年間80万ウォンなど約5500億ウォンになる。

このような事実を総合してみると、請求権協定当時大韓民国は請求権協定により強制徴用被害者の個人請求権も消滅するか、少なくともその行使が制限されるという立場をとっていたことが分かる。したがって、請求権協定当時の両国の真の意思が外交的保護権のみ放棄するということで一致していたわけでもない。

(6) 一方、国際法上戦後賠償問題などについて主権国家が外国と交渉をして自国国民の財産や利益に関する事項を国家間条約を通じて一括的に解決するいわゆる「一括処理協定(lump sum agreements)」は、国際紛争の解決予防のための方法の一つとして請求権協定締結当時国際慣習法上一般的に認められていた条約の形式である。

一括処理協定は国家が個人の請求権などを含む補償問題を一括妥結する方式であるから、その当然の前提として一括処理協定によって国家が相手国からの補償や賠償を受けた場合にはそれに応じて自国民個人の請求権は消滅するものとして処理され、この時その資金が実際には被害国民に対する補償目的に使用されなかったとしても同様とされる[国際司法裁判所(ICJ)が2012年2月3日に宣告したドイツ対イタリア主権免除事件(Jurisdictional

Immunities of the State、Germany v. Italy : Greece intervening)、いわゆる「フェリーニ(Ferrini)事件」判決参照]。

　請求権協定についても、大韓民国は日本から強制動員被害者の損害賠償請求権を含む対日請求要綱8項目について一括補償を受け、請求権資金を被害者に補償の方式で直接分配したり、または国民経済の発展のための基盤施設の再建等に使用することによりいわゆる「間接的に」補償する方式を採択した。このような事情に照らしてみると、請求権協定は大韓民国及びその国民の請求権などに対する補償を一括的に解決するための条約として請求権協定当時国際的に通用していた一括処理協定に該当するということができる。この点からも、請求権協定が国民の個人の請求権とは関係なく、単に両締約国が国家の外交的保護権を放棄することだけを合意した条約であるとは解釈しがたい。

　ウ. 請求権協定第2条に規定している「完全かつ最終的な解決」や「いかなる主張もできないこととする」という文言の意味は、個人請求権の完全な消滅まででなくとも「大韓民国国民が日本や日本国民に対して訴訟によって権利を行使することは制限される」という意味に解釈するのが妥当である。

　(1) 請求権協定はその文言上の個人請求権自体の放棄や消滅について直接定めてはいない。この点でサンフランシスコ条約第14条(b)で、「連合国は、すべての補償請求、連合国とその国民の賠償請求および軍の占領費用に関する請求をすべて放棄する」と定めて明示的に請求権の放棄(waive)という表現を使用したものとは区別される。したがって請求権協定により個人請求権が実体法的

に完全に消滅したり放棄されたとは解しがたいという点では個別意見2と見解を同じくする。

(2) 請求権協定第2条1は請求権に関する問題が「完全かつ最終的に解決されたことになることを確認する」と規定しており、「完全かつ最終的な解決」に至る方式は第2条の3に規定している「いかなる主張もできないものとする。」との文言によって実現される。つまり「どのような主張もできないこと」という方法を通じて請求権問題の「完全かつ最終的な解決」を期している。ところで「いかなる主張もできないものとする」という文言の意味は前述したように請求権に関する大韓民国の外交的保護権のみを放棄するという意味に解釈することができず、かといって請求権自体が実体法的に消滅したという意味である断定することも困難である。そうであれば、「いかなる主張もできないものとする。」という文言の意味は、結局「大韓民国国民が日本や日本国民に対して訴訟によって権利を行使することが制限される」という意味に解釈するほかはない。

(3) 先に見たように大韓民国は請求権協定締結後、請求権補償法、2007年及び2010年の犠牲者支援法などを制定し、強制徴用被害者らに補償金を支給した。これは請求権協定によって大韓民国の国民が訴訟によって請求権を行使することが制限された結果、大韓民国がこれを補償する目的で立法措置をしたものである。「外交的保護権限定放棄説」に従うと大韓民国が上記のような補償措置をとる理由を見出しがたい。

エ. (1) 個別意見2が大韓民国で請求権資金法などの補償の立法を

通じて強制動員被害者に対して行われた補償内容が実際の被害に備えて非常に不十分であったという点を請求権協定の効力を解釈する根拠に挙げていることも受け入れがたい。前記のように「一括処理協定(lump sum agreements)」によって国家が補償や賠償を受けたなら、その国民は相手国及びその国民に対して個人請求権を行使することができないのであり、これは支給された資金が実際には被害国民に対する補償の目的に使用されてなくとも変わることはないからである。

(2) 日帝強占期に日本が不法な植民支配と侵略戦争遂行のために強制徴用被害者らに与えた苦痛に照らしてみると、大韓民国が被害者らに行った補償が非常に不十分なことは事実である。大韓民国は2006年3月9日の請求補償法に基づく強制動員被害者の補償が不十分であることを認め追加補償の方針を表明した後、2007年の犠牲者支援法を制定し、その後2010年の犠牲者支援法を追加制定した。しかしこのような追加的な補償措置によっても国内強制動員被害者は当初から慰労金支給対象に含まれず、国外強制動員生還者に対しては2007年の犠牲者支援法の制定当時、1人当たり500万ウォンの慰労金を支給する内容の法案が国会で議決されたが、追加的な財政負担などを理由に大統領が拒否権を行使し、結局彼らに対する慰労金支給は行われなかった。

(3) 日本政府が請求権協定の交渉過程で植民支配の不法性を認めていなかった状況で大韓民国政府が請求権協定を締結したことが果たして正しかったのか等を含め、請求権協定の歴史的評価については未だ議論があることは事実だ。しかし請求権協定が憲法

や国際法に違反して無効であると解するのでなければ、その内容の良否を問わずその文言と内容に従って遵守しなければならない。請求権協定により個人請求権をもはや行使できなくなることによって被害を受けた国民に、今からでも国家は正当な補償を行うべきである。大韓民国がこのような被害国民に対して負う責任は法的責任であり、これを単なる人道的・恩恵的措置とみることはできない。大韓民国は被害国民が訴訟を提起したか否かにかかわらず正当な補償がなされるようにする責務があり、このような被害国民に対して大韓民国が訴訟においてその消滅時効完成の有無を争うことはないと考える。

オ．要するに、大韓民国の国民が日本及び日本国民に対して有する個人請求権は請求権協定によって直ちに消滅したり放棄されたわけでないが、訴訟によってこれを行使することは制限されることとなったので、原告らが日本国民である被告に対して国内で強制動員による損害賠償請求権を訴訟によって行使することもやはり制限されると解するのが妥当である。

これと異なる趣旨により判示した原審の判断には請求権協定の適用範囲及び効力等に関する法理を誤解した誤りがあり、原審が根拠とした差戻判決の請求権協定に関する見解もやはりこれに背馳する範囲内で変更すべきである。

以上のような理由から、多数意見に反対する。

11. 大法官金哉衡、大法官金善洙の多数意見に対する補充意見

ア．原告らが主張する被告に対する損害賠償請求権、すなわち

「強制動員慰謝料請求権」が請求権協定の対象に含まれていないという多数意見の立場は条約の解釈に関する一般原則に従うものであって妥当である。その具体的な理由は次の通りである。

イ. 条約の解釈の出発点は条約の文言である。当事者らが条約を通じて達成しようとした意図が文言として現れるからである。したがって条約の文言が持つ通常の意味を明らかにすることが条約の解釈において最も重要なことである。しかし当事者らが共通して意図したものとして確定された内容が条約の文言の意味と異なる場合には、その意図に応じて条約を解釈しなければならない。

この時、文言の辞典的な意味が明確でない場合には、文脈、条約の目的、条約締結過程をはじめとする締結当時の諸事情だけでなく、条約締結以降の事情も総合的に考慮して条約の意味を合理的に解釈しなければならない。ただし条約締結過程で行われた交渉過程や締結当時の事情は条約の特性上、条約を解釈するために補充的に考慮すべきである。

一方、条約が国家ではなく個人の権利を一方的に放棄するような重大な不利益を与える場合には約定の意味を厳密に解釈しなければならず、その意味が明確でない場合には個人の権利を放棄していないものと解すべきである。個人の権利を放棄する条約を締結しようとするなら、これを明確に認識して条約の文言に含ませることにより個々人がそのような事情を知ることができるようにすべきであるからである。

1969年に締結されたウィーン条約は、大韓民国に対しては

1980年1月27日、日本に対しては1981年8月1日に発効したため、1965年に締結された請求権協定の解釈の基準的としてこの条約を直ちに適用することはできない。ただし条約の解釈に関するウィーン条約の主な内容は既存の国際慣習法を反映したものであると見ることができるので、請求権協定を解釈においても参考とすることができる。条約の解釈基準に関する多数意見はウィーン条約の主な内容を反映したものであるから、条約の解釈に関する一般原則と異なるものではない。ただしウィーン条約が請求権協定に直接適用されるものではないから、請求権協定を解釈する際にウィーン協約を文言にそのまま従わねばならないものではない。

ウ．本件の主な争点は、請求権協定の前文と第2条に現れる「請求権」の意味をどのように解釈するかである。具体的には上記「請求権」に「日本政府の韓半島に対する不法な植民支配・侵略戦争の遂行と直結した日本企業の反人道的不法行為を前提とする強制動員被害者の日本企業に対する精神的損害賠償請求権」、すなわち「強制動員慰謝料請求権」が含まれるか否かが問題になる。

請求権協定では、「請求権」が何を意味するかを特に定めていない。請求権はきわめて多様な意味で使用することができる用語である。この用語に不法行為に基づく損害賠償請求権、特に本件で問題となる強制動員慰謝料請求権まで一般的に含まれると断定することはできない。

したがって請求権協定の文脈や目的なども併せて検討すべきである。まず請求権協定第2条でサンフランシスコ条約第4条(a)

に明示的に言及しているから、サンフランシスコ条約第4条が請求権協定の基礎になったことには特に疑問がない。すなわち請求権協定は基本的にサンフランシスコ条約第4条(a)にいう「日本の統治から離脱した地域(大韓民国もこれに該当)の施政当局・国民と日本・日本国民の間の財産上の債権・債務関係」を解決するためのものである。ところで、このような「債権・債務関係」は日本の植民支配の不法性を前提とするものではなく、そのような不法行為に関する損害賠償請求権が含まれたものでもない。特にサンフランシスコ条約第4条(a)では「財産上の債権債務関係」について定めているので、精神的損害賠償請求権が含まれる余地はないと見るべきである。

サンフランシスコ条約を基礎として開かれた第1次韓日会談において韓国側が提示した8項目は次のとおりである。「①1909年から1945年までの間に日本が朝鮮銀行を通じて大韓民国から搬出した地金及び地銀の返還請求、②1945年8月9日現在及びその後の日本の対朝鮮総督府債務の返済請求、③1945年8月9日以降に大韓民国にから振替または送金された金員の返還請求、④1945年8月9日現在大韓民国に本店、本社または主たる事務所がある法人の在日財産の返還請求、⑤大韓民国法人または大韓民国自然人の日本銀行券、被徴用韓国人の未収金、補償金およびその他の請求権の弁済請求、⑥韓国人の日本国または日本人に対する請求であって上記①ないし⑤に含まれていないものは韓日会談の成立後、個別に行使することができることを認めること、⑦前記の各財産または請求権から発生した各果実の返還請求、⑧前記返還と決済は協

定成立後直ちに開始し遅くとも6ヶ月以内に完了すること」である。

　上記8項目に明示的に列挙されたものはすべて財産に関するものである。したがって上記第5項で列挙されたものも、例えば徴用による労働の対価として支払われる賃金などの財産上の請求権に限定されたものであり、不法な強制徴用による慰謝料請求権まで含まれると解することはできない。その上ここに言う「徴用」が国民徴用令による徴用のみを意味するのか、それとも原告らのように募集方式または官斡旋方式で行われた強制動員まで含まれるのかも明らかではない。また第5項は「補償金」という用語を使用しているが、これは徴用が適法であるという前提で使用した用語であり、不法性を前提とした慰謝料が含まれないことが明らかである。当時の大韓民国と日本の法制では「補償」は適法な行為に起因する損失を填補するものであり、「賠償」は不法行為による損害を填補するものとして明確に区別して使用していた。請求権協定の直前に大韓民国政府が発行した「韓日会談白書」も「賠償請求は請求権問題に含まれない」と説明した。「その他」という用語も前に列挙したものと類似した付随的なものと解するべきであるから、強制動員慰謝料請求権が含まれるとするのは行き過ぎた解釈である。

　請求権協定の合意議事録(I)では、8項目の範囲に属するすべての請求が請求権協定で完全かつ最終的に「解決されるものとされる」請求権に含まれると規定しているが、前記のように上記第5項「被徴用韓国人の未収金、補償金及びその他の請求権の弁済請求」

が日本の植民支配の不法性を前提としたものと解することができないから、強制動員慰謝料請求権がこれに含まれると解することもできない。

結局、請求権協定、請求権協定に関する合意議事録（Ⅰ）の文脈、請求権協定の目的などに照らして請求権協定の文言に現れた通常の意味に従って解釈すれば、請求権協定にいう「請求権」に強制動員慰謝料請求権まで含まれるとは言いがたい。

エ．上記のような解釈方法だけでは請求権協定の意味が明らかではなく、交渉記録と締結時の諸事情等を考慮してその意味を明らかにすべきだとしても、上記のような結論が変わることはない。

まず請求権協定締結当時の両国の意思がどのようなものであったのかを検討する必要がある。一般的な契約の解釈と同様に条約の解釈においても、外に現れた表示にもかかわらず両国の内心の意思が一致していた場合、その真意に基づいて条約の内容を解釈するのが妥当である。仮に請求権協定当時、両国とも強制動員慰謝料請求権のような日本の植民支配の不法性を前提とする請求権も請求権協定に含めることに意思が一致していたと見ることができるなら、請求権協定に言う「請求権」に強制動員慰謝料請求権も含まれると解することができる。

しかし日本政府が請求権協定当時はもちろん現在に至るまで強制動員の過程で反人道的な不法行為が犯されたことはもとより植民支配の不法性さえも認めていないことは周知の事実である。また請求権協定当時日本側が強制動員慰謝料請求権を請求権協定の対象としたと解するに足りる資料もない。当時強制動員慰

謝料請求権の存在自体も認めていなかった日本政府が請求権協定にこれを含めるという内心の意思を持っていたと解することもできない。

これは請求権協定当時の大韓民国政府も同様であったと見るのが合理的である。多数意見において述べたように請求権協定の締結直前の1965年3月20日に大韓民国政府が発行した公式文書である「韓日会談白書」ではサンフランシスコ条約第4条が韓・日間の請求権問題の基礎になったと明示しており、さらに「上記第4条の対日請求権は、戦勝国の賠償請求権とは区別される。大韓民国はサンフランシスコ条約の調印国ではないため、第14条の規定により戦勝国が享有する損害と苦痛に対する賠償請求権は認められなかった。このような韓・日間の請求権問題には賠償請求を含めることができない。」という説明までしている。

一方、上記のような請求権協定締結当時の状況の他に条約締結後の事情も補充的に条約の解釈の考慮要素になりうるが、請求権協定に言う「請求権」に強制動員慰謝料請求権が含まれると解することができないということは、これによっても裏付けることができる。請求権協定以後大韓民国は請求権資金法、請求権申告法、請求補償法を通じて1977年6月30日までに被徴用死亡者8552人に1人当り30万ウォンずつ合計25億6560万ウォンを支給した。これは上記8項目のうち、第5項の「被徴用韓国人の未収金、補償金およびその他の請求権の弁済請求」が請求権協定の対象に含まれるによる後続措置に過ぎないと見ることができるから、強制動員慰謝料請求権に対する弁済とは言いがたい。しかもその補償対象

者も「日本国によって軍人・軍属または労務者として招集または徴用され1945年8月15日以前に死亡した者」に限定されていた。また、その後大韓民国は2007年の犠牲者支援法などによりいわゆる「強制動員犠牲者」に慰謝金や支援金を支給したが、当該法律では名目は「人道的次元」のものであることを明示した。このような大韓民国の措置は、請求権協定に強制動員慰謝料請求権は含まれておらず、大韓民国が請求権協定資金により強制動員慰謝料請求権者に対して法的支払い義務を負うものではないことを前提としているものと言わざるを得ない。

オ. 国家間の条約によって国民個々人が相手国や相手国の国民に対して有する権利を消滅させることが国際法上許容されるとしても、これを認めるためには当該条約でこれを明確に定めねばならない。その上本件のように国家とその所属国民が関与した反人道的な不法行為による損害賠償請求権、その中でも精神的損害に対する慰謝料請求権の消滅のような重大な効果を与えようとする場合には条約の意味をより厳密に解釈しなければならない。

サンフランシスコ条約第14条が日本によって発生した「損害と苦痛」に対する「賠償請求権」とその「放棄」を明確に定めているのとは異なり、請求権協定は「財産上の債権・債務関係」のみに言及しているだけであり、請求権協定の対象に不法行為による「損害と苦痛」に対する「賠償請求権」が含まれるとか、その賠償請求権の「放棄」を明確に定めてはいない。

日本政府の韓半島に対する不法な植民支配と侵略戦争の遂行と直結した日本企業の反人道的な不法行為により動員され、人間

としての尊厳と価値を尊重されないままあらゆる労働を強要された被害者である原告らは、精神的損害賠償を受けられずに依然として苦痛を受けている。大韓民国政府と日本政府が強制動員被害者たちの精神的苦痛を過度に軽視し、その実像を調査・確認しようとする努力すらしないまま請求権協定を締結した可能性もある。請求権協定で強制動員慰謝料請求権について明確に定めていない責任は協定を締結した当事者らが負担すべきであり、これを被害者らに転嫁してはならない。

　以上のような理由から、多数意見の論拠を補充しようとするものである。

　裁判長　大法院長　金命洙
　主番　　大法官　　金昭英
　　　　　大法官　　曺喜大
　　　　　大法官　　権純一
　　　　　大法官　　朴商玉
　　　　　大法官　　李起宅
　　　　　大法官　　金哉衡
　　　　　大法官　　趙載淵
　　　　　大法官　　朴貞杺
　　　　　大法官　　閔裕淑
　　　　　大法官　　金善洙
　　　　　大法官　　李東遠
　　　　　大法官　　盧貞姫

[資料3]
「大韓民国大法院による日本企業に対する判決確定について[外務大臣談話])」(2018.10.30.)

　1　日韓両国は、1965年の国交正常化の際に締結された日韓基本条約及びその関連協定の基礎の上に、緊密な友好協力関係を築いてきました。その中核である日韓請求権協定は、日本から韓国に対して、無償3億ドル、有償2億ドルの資金協力を約束する(第1条)とともに、両締約国及びその国民(法人を含む。)の財産、権利及び利益並びに両締約国及びその国民の間の請求権に関する問題は「完全かつ最終的に解決」されており、いかなる主張もすることはできない(第2条)ことを定めており、これまでの日韓関係の基礎となってきました。

　2　それにもかかわらず、本30日、大韓民国大法院が、新日鐵住金株式会社に対し、損害賠償の支払等を命じる判決を確定させました。この判決は、日韓請求権協定第2条に明らかに反し、日本企業に対し不当な不利益を負わせるものであるばかりか、1965年の国交正常化以来築いてきた日韓の友好協力関係の法的基盤を根本から覆すものであって、極めて遺憾であり、断じて受け入れることはできません。

　3　日本としては、大韓民国に対し、日本の上記の立場を改めて伝達するとともに、大韓民国が直ちに国際法違反の状態を是正する

ことを含め、適切な措置を講ずることを強く求めます。

4　また、直ちに適切な措置が講じられない場合には、日本として、日本企業の正当な経済活動の保護の観点からも、国際裁判*も含め、あらゆる選択肢を視野に入れ、毅然とした対応を講ずる考えです。この一環として、外務省として本件に万全の体制で臨むため、本日、アジア大洋州局に日韓請求権関連問題対策室を設置しました。

［参考］「財産及び請求権に関する問題の解決並びに経済協力に関する日本国と大韓民国との間の協定」（1965年12月18日発効）

第二条　1　両締約国は、両締約国及びその国民（法人を含む。）の財産、権利及び利益並びに両締約国及びその国民の間の請求権に関する問題が、千九百五十一年九月八日にサン・フランシスコ市で署名された日本国との平和条約第四条(a)に規定されたものを含めて、完全かつ最終的に解決されたこととなることを確認する。

（中略）

3　2の規定に従うことを条件として、一方の締約国及びその国民の財産、権利及び利益であつてこの協定の署名の日に他方の締約国の管轄の下にあるものに対する措置並びに一方の締約国及び

---

*　大法院の三菱重工業強制動員判決が宣告された2018年11月29日にも、同じタイトルや類似の内容の「外務大臣談話」が発表されたが、そこでは「国際裁判」のすぐ後に「や対抗措置」が付け加えられている。

その国民の他方の締約国及びその国民に対するすべての請求権であつて同日以前に生じた事由に基づくものに関しては、いかなる主張もすることができないものとする。

韓国大法院強制動員判決、核心は「不法強占」だ

초판1쇄 발행 2023년 3월 20일

지은이 김창록
펴낸이 홍종화

편집·디자인 오경희·조정화·오성현·신나래
　　　　　　박선주·이효진·정성희
관리 박정대

펴낸곳 민속원
창업 홍기원
출판등록 제1990-000045호
주소 서울 마포구 토정로 25길 41(대흥동 337-25)
전화 02) 804-3320, 805-3320, 806-3320(代)
팩스 02) 802-3346
이메일 minsok1@chollian.net, minsokwon@naver.com
홈페이지 www.minsokwon.com

ISBN 978-89-285-1831-9
SET 978-89-5638-390-3   94080

ⓒ 김창록, 2023
ⓒ 민속원, 2023, Printed in Seoul, Korea

이 책은 저작권법에 따라 보호를 받는 저작물이므로 무단전재와 복제를 금지하며,
이 책의 전부 또는 일부를 이용하려면 반드시 저작권자와 출판사의 서면동의를 받아야 합니다.